FABRICATION

DES

TISSUS IMPRIMÉS

PAR

D. KÆPPELIN

Chimiste, directeur de fabriques d'impression sur étoffes

PREMIÈRE PARTIE

IMPRESSION DES ÉTOFFES DE SOIE

AVEC ÉCHANTILLONS

PARIS

LIBRAIRIE SCIENTIFIQUE, INDUSTRIELLE ET AGRICOLE

LACROIX ET BAUDRY

RÉUNION DE L'ANCIENNE MAISON MATHIAS ET DU COMPTOIR DES IMPRIMEURS

QUAI MALAQUAIS, 15

1860

FABRICATION

DES

TISSUS IMPRIMÉS

(C.)

Paris. — Typographie de Firmin Didot frères, fils et Cie, rue Jacob, 56.

FABRICATION

DES

TISSUS IMPRIMÉS

PAR

D. RÆPPELIN

Chimiste, directeur de fabriques d'impression sur étoffes

PREMIÈRE PARTIE

IMPRESSION DES ÉTOFFES DE SOIE

AVEC PLANCHE ET ÉCHANTILLONS

PARIS

LIBRAIRIE SCIENTIFIQUE, INDUSTRIELLE ET AGRICOLE

LACROIX ET BAUDRY

RÉUNION DES ANCIENNES MAISONS MATHIAS ET COMPTOIR DES IMPRIMEURS

QUAI MALAQUAIS, 15

1860

A

MONSIEUR R. KÆPPELIN

Professeur de chimie au lycée impérial de Colmar

Officier de l'Université et membre de plusieurs sociétés savantes

---

C'est toi, mon frère, qui me guidas dans l'étude des sciences naturelles; c'est toi qui me rendis celle de la chimie non-seulement simple et facile, mais encore attrayante par le charme de tes leçons et par la clarté de tes démonstrations.

Permets-moi donc de te dédier cet ouvrage, en souvenir de mon affection et de ma reconnaissance la plus vive pour les heureuses années que j'ai pu consacrer à l'étude pendant que j'étais préparateur de ton cours de chimie.

HOMMAGE DE L'AUTEUR

Paris, ce 20 novembre 1859.

PRÉFACE

Quand l'industrie des tissus imprimés était encore à l'état d'enfance, les Bartholdi, les Haussmann nous firent déjà connaître des expériences qui guidèrent les fabricants dans leurs premières recherches. Plus tard Vitalis, Delorme, Runge, Dingler, Kurrer, M. Girardin (chimie appliquée) et Thyllaie publièrent des recueils d'une importance réelle, et, à une époque plus récente encore, nos plus grands savants, MM. Dumas, Persoz, Chevreul, firent paraître des traités spéciaux qui ont acquis à cet art industriel la place qu'il occupera désormais, en en faisant une véritable science. Le nom des Schlumberger, des Kœchlin, des Schwartz, des Valter Crum, des Colomb, s'est aussi attaché à des publications importantes, et je m'empresse ici de rendre hommage à ces travailleurs infatigables et à ces savants, qui nous ont servi à tous de guides dans nos premières études et dans nos travaux.

Chaque période de plusieurs années a vu se produire de nouveaux perfectionnements dans la fabrication des tissus imprimés; dans ces derniers temps surtout, les innovations les plus heureuses y ont été introduites et ont remplacé la marche de la routine.

Mais ces innovations, ces perfectionnements n'arrivent que lentement à la connaissance du plus grand nombre, les circonstances ne permettant pas à tous de les expérimenter. C'est pourquoi, dans le cours de la carrière que de longs travaux, récemment terminés, me permettent de quitter aujourd'hui, je me suis proposé bien souvent de publier, en me retirant, tous les procédés que j'ai employés dans les branches nombreuses de cette industrie. C'est ce projet, préparé de longue date, que je mets à exécution en livrant ce recueil à la publicité.

Sept années d'études industrielles, passées dans le vaste établissement de Wesserling, et une année tout entière consacrée à visiter les plus importantes fabriques de l'Europe, m'avaient préparé à toutes les difficultés que j'ai eues à vaincre plus tard. Quinze autres années, consacrées à la direction de plusieurs établissements considérables, tant en France qu'en Allemagne et en Russie, m'ont mis à même de pouvoir publier aujourd'hui les procédés les plus nouveaux et les plus pratiques, quelle que soit la nature des tissus à imprimer. J'espère, en outre, inspirer plus de confiance au lecteur, en le prévenant ici que tous ces procédés sont éprouvés par une longue expérience, et qu'ils sont le résultat de mes travaux et de mes recherches.

Je commencerai par décrire la fabrication des *foulards et tissus de soie imprimés*; cette première partie de mon travail sera suivie de celles qui traiteront de l'impression des tissus de coton, de laine, et de laine et coton mélangés, c'est-à-dire des *indiennes*, des *jaconas* et *mousselines*; des *mousselines de laine*, et des *mousselines de laine chaîne coton*, et je terminerai mon ouvrage par la publication d'un dernier volume consacré exclusivement à *l'étude des propriétés chimiques* des corps que nous aurons employés dans les différentes fabrications décrites, et à celle de *leur action véritable* dans toutes les opérations que nous aurons indiquées dans les précédents volumes.

En m'attachant plus exclusivement à définir ce que nous appelons les *procédés de fabrication,* je ne me suis arrêté qu'autant que cela était nécessaire à la clarté de mes explications, aux différentes machines employées dans les fabriques. J'ajouterai aussi que tous les échantillons joints à l'ouvrage sont des spécimens des différents genres de fabrication qui y sont décrits, et qu'ils ont tous été pris sur des pièces que j'ai fabriquées ; on pourra donc toujours reproduire des effets entièrement semblables, en suivant les procédés que j'ai indiqués pour chacun des genres auxquels ils appartiennent.

Qu'il me soit permis, en terminant, de payer ici un tribut de reconnaissance à MM. Gros, Odier, Roman, de Wesserling, pour l'amitié qu'ils me témoignèrent pendant le long séjour que je fis dans leur établissement. Je dois remercier également MM. Kœchlin, Dollfuss, Steinbach, Hartmann, Gonin ; Alfred Bingen, Thomas Hoyle, Thompson, Schwabe, Mercer ; L. Porgès, Przibram, Orlando, Goldschmidt ; Dietz, de la maison Berlemont et Rey ; Naun et Loewe, Goldschmidt de Berlin ; Hübner et Zündel, de Moscou, qui me firent tous l'accueil le plus cordial, et dont je conserverai toujours le meilleur souvenir.

Puisse ce livre être accueilli favorablement par eux et par tous les praticiens, et je serai récompensé largement de tous les efforts que j'ai faits pour atteindre le but d'utilité que je me suis proposé !

FABRICATION

DES

TISSUS IMPRIMÉS

PREMIÈRE PARTIE

IMPRESSION DES ÉTOFFES DE SOIE

INTRODUCTION

Nous partagerons cette première partie de notre ouvrage en quinze chapitres.

Dans le premier, nous traiterons des opérations qui précèdent celle de l'impression proprement dite, c'est-à-dire du blanchiment et du mordançage des tissus destinés aux genres dits *vapeur*. (On les appelle ainsi parce que les couleurs ne subissent, pour être fixées sur l'étoffe, qu'une opération de teinture sèche, qui se fait en suspendant les tissus dans de la vapeur d'eau bouillante.)

Dans le second chapitre, nous parlerons de l'impression proprement dite, à la main, à la planche plate, à la perrotine et au rouleau. Nous y parlerons aussi de l'impression des couleurs au vernis (au moyen de pierres lithographiques), et de ce qui constitue le genre appelé chromo-lithographique.

Dans le troisième, nous parlerons des opérations du fixage, du lavage et de l'apprêt.

Le quatrième sera consacré à la composition des mordants et des couleurs vapeur.

Le cinquième, à la fabrication des foulards garancés.

Le sixième, aux genres dérivés du bleu de Prusse.

Le septième, aux genres dérivés du bois rouge de Sainte-Marthe, avec réserve et enlevage amarante sur noir.

Le huitième, au genre dérivé de la noix de galle, avec enlevages ponceau, vert, bleu et orange.

Le neuvième, aux genres dérivés de l'oxyde de fer.

Le dixième, aux genres dérivés de l'acide nitrique et de l'indigo.

Le onzième, au genre indien, dérivé de la garance ou du bois rouge, et du bois jaune ou de la gaude et de l'indigo.

Le douzième, au genre dérivé de la cochenille.

Le treizième, au genre murexide, dérivé du purpurate de mercure.

Le quatorzième, au genre dérivé de l'aniline.

Le quinzième, au genre dérivé de l'orseille.

GENRE VAPEUR

1. On appelle *genre vapeur* celui pour la fabrication duquel on fixe simultanément sur les tissus imprimés, au moyen de leur suspension dans la vapeur d'eau bouillante, les *mordants* et les matières colorantes avec lesquelles ils sont combinés préalablement.

C'est ainsi que la même matière colorante, celle du campêche, par exemple, combinée avec des sels ferrugineux, forme du gris, du noir; avec les mordants d'étain ou d'alumine, du violet, etc.

Les couleurs ainsi composées, dans de certaines proportions, sont imprimées sur l'étoffe; cette dernière passe ensuite par l'opération du *fixage à la vapeur,* qui a donné son nom aux genres que nous allons décrire, et qui forment une des plus belles branches de la fabrication des foulards imprimés, sous le rapport de la fraîcheur des couleurs et de la richesse des effets produits.

BLANCHIMENT

2. Quand les tissus de soie, ou foulards écrus, sont destinés au genre vapeur, on les blanchit de la manière suivante : On place les foulards écrus dans des sacs de grosse toile, d'un tissu lâche, en les dépliant avec soin, afin d'éviter les cassures qui seraient produites par le bris de la matière cireuse de la soie, et qui ne disparaîtraient plus qu'avec peine, même après l'impression.

On peut mettre deux cents foulards dans un même sac, et, selon le nombre de foulards que l'on a à blanchir, on en prépare deux ou trois de la même manière; on les ferme à leur ouverture au moyen d'un cordon, et on les place dans une chaudière ou dans une cuve en bois contenant assez d'eau pour que les foulards ne soient pas trop pressés pendant l'opération.

On a fait préalablement dissoudre dans l'eau de la cuve 6 kilogrammes de savon blanc, et on en a élevé la température à 40° centigrades avant d'y plonger les sacs.

On chauffe le bain, au moyen d'un conduit de vapeur, jusqu'à 100°, et on le maintient à cette température pendant une heure et demie. Pendant toute la durée de cette opération, l'ouvrier chargé du travail maintient avec soin les sacs sous l'eau, de manière qu'ils soient complétement immergés et que les foulards soient bien soumis à l'action de l'eau de savon.

On retire ensuite les sacs de la cuve, on en sort les

foulards, on les passe dans un bain d'eau chauffée à 60°, puis on les lave dans l'eau courante, pour les dépouiller du savon dont ils sont imprégnés; on en exprime l'eau à l'hydro-extracteur, puis on procède à l'opération importante du *mordançage*.

Le même bain de savon peut servir à une seconde opération ; il faut avoir soin d'y ajouter de l'eau froide en quantité suffisante pour en ramener la température à 40° c. On y ajoute une dissolution de 4 kilogrammes de savon seulement, et on opère avec ces six cents foulards comme avec les premiers.

Quand les foulards écrus sont *jaunes* et n'ont subi aucun traitement préalable, il faut que le blanchiment en soit plus énergique. A cet effet on se sert d'une caisse en bois contenant de l'eau de savon composée comme celle des bains ordinaires, à raison de 1 kilogramme de savon pour cent foulards; cette caisse est munie d'un couvercle en bois qui la ferme presque hermétiquement, de manière que la vapeur, que l'on y introduit au moyen d'un tuyau, ne puisse en sortir qu'en exerçant une certaine pression sur l'eau : on y maintient ainsi une température élevée, favorable à la dissolution des matières gommeuses et étrangères à l'étoffe que l'on veut blanchir. On laisse les foulards pendant deux heures dans la caisse, à la température de l'eau bouillante; puis on les retire et on les passe dans un bain d'eau à 35° c., dans lequel on a fait dissoudre 2 kilogrammes de cristaux de soude (sous-carbonate de soude); on les lave ensuite à l'eau courante, puis on en exprime l'eau au moyen de l'hydro-extracteur ; on les suspend ensuite tout humides dans la chambre à soufrer pendant douze heures; on les lave à l'eau froide, et l'on procède au mordançage.

3. La chambre à soufrer est construite de la manière suivante : Elle peut être en bois ou en pierre, et elle doit être chauffée à la température de 25° c. environ ; ce dont on peut s'assurer au moyen d'un thermomètre placé à l'extérieur de la chambre, mais dont la boule est dans l'intérieur. Dans sa partie basse (fig. 1), on a ménagé deux ouvertures, A, B, destinées à introduire le soufre en combustion, et une porte, C, que l'on mastique avec de l'argile pendant la durée de l'opération. C'est par cette porte qu'entre l'ouvrier chargé de suspendre les pièces à blanchir dans la partie supérieure de la chambre. Cette suspension se fait au moyen de tiges en bois ou en verre, *a a'*, *b b'*, *c c'*, *d d'*, qui traversent la chambre et sur lesquelles on passe les pièces, qui retombent par leurs extrémités jusqu'aux trois quarts de la hauteur de la chambre. On les recouvre ensuite et on les enveloppe avec une pièce de toile ou de coton humide, destinée à retenir les parcelles de soufre qui feraient des taches sur les foulards.

On ferme ensuite la porte C en la mastiquant avec de l'argile; on introduit le soufre allumé par les petites ouvertures inférieures, A, B, C, que l'on referme ensuite avec les plus grands soins; et on laisse les pièces soumises pendant douze heures à l'action décolorante de l'acide sulfureux.

On ouvre ensuite la trappe D, que l'on a ménagée dans la partie supérieure de la chambre, et la porte par laquelle s'introduit l'ouvrier, pour établir un courant d'air qui facilitera la sortie du gaz sulfureux. Après quelques minutes d'attente, l'ouvrier peut entrer dans la chambre et enlever les pièces, qui sont parfaitement blanchies.

On peut aussi employer une dissolution d'acide sulfureux dans l'eau comme agent décolorant ; mais cette méthode nous a toujours donné des résultats moins beaux que ceux obtenus par l'exposition des tissus dans le gaz libre.

On suspend ensuite les pièces à l'air pendant quelques heures pour les désoufrer ; puis, après un lavage préalable à l'eau de rivière, on les passe dans un bain d'eau tenant en suspension de la craie ou carbonate de chaux. L'action de ce sel est facile à comprendre : il s'empare de l'acide sulfureux qui est resté dans le tissu, et son action a lieu avec toute l'efficacité possible, sans toutefois donner à la soie une teinte jaune, inconvénient auquel on s'expose toujours quand on se sert de carbonate de soude au lieu de carbonate de de chaux. On lave ensuite les pièces à l'eau froide pour bien enlever le sel calcaire, qui serait nuisible à la fabrication, et l'on procède à l'opération du mordançage, dont nous allons donner la description.

MORDANÇAGE

4. On donne ce nom à l'opération qui a pour but de combiner avec l'étoffe certains composés métalli-

ques qui ont la propriété de développer la matière colorante des bois de teinture qui servent à la composition des couleurs vapeur. Les sels d'étain sont reconnus aujourd'hui pour posséder cette propriété au plus haut degré; ils donnent aussi plus d'éclat aux bleus à base de prussiate de fer, et c'est à cette combinaison des cyanures de fer avec ceux d'étain que l'on doit la formation des bleus de France, du bleu Napoléon, etc.

Le mordançage à base d'alumine est rejeté aujourd'hui pour les *couleurs vapeur*, et nous ne parlerons que de celui à base d'étain.

On fait dissoudre dans une cuve en bois de chêne, **A, B, C, D** (fig. 2), de la capacité de 300 à 400 litres :

Crème de tartre	12k,500 gr.
Deutochlorure d'étain. . . .	7k,500 —

On élève la température du bain de 50 à 60°, au moyen d'un conduit de vapeur, E F. Ce dernier doit être en *plomb;* car s'il était en cuivre, il se formerait par son contact avec la dissolution d'étain des taches noires sur l'étoffe, et ces taches sont indélébiles, tant leur union avec la soie est intime. On manœuvre pendant une heure environ les foulards, au nombre de trois cents à la fois, dans le bain ainsi préparé. Cette opération se fait facilement au moyen d'un trinquet, G H, placé au-dessus de la cuve. Les pièces sont ensuite levées, bien égouttées, lavées à la rivière, passées à l'hydro-extracteur et séchées à la vapeur, au moyen de tambours (fig. 3), *a*, *b*, *c*, *d*, *e*. On évite ainsi les plis qui se formeraient si on les séchait par suspension. Quand on n'a pas de machine à tambours, on fait sécher les foulards, de la manière ordinaire, dans des séchoirs chauds, et en les maintenant autant que possible dans toute leur largeur.

L'imprimeur doit, avant d'imprimer les foulards séchés de cette manière, les repasser avec un fer chaud pour en faire disparaître tous les plis, qui seraient nuisibles à une bonne impression.

Le même bain de mordant peut servir au mordançage de quinze à vingt mille foulards. Il faut avoir le soin, chaque fois qu'on opère avec trois cents nouveaux foulards, d'ajouter au bain :

Crème de tartre.	1 kilogramme
Deutochlorure d'étain. . .	625 à 750 gr.,

et de remplacer l'eau qu'entraînent les foulards mordancés à leur sortie du bain.

Le bain de mordançage doit marquer (à froid) 3° à l'aréomètre de Baumé, et il faut le maintenir à ce degré par l'addition des sels dans la proportion que nous avons indiquée. S'il les dépasse, il faut diminuer la quantité des sels en maintenant leur proportion relative, et l'augmenter dans le cas contraire.

C'est de la bonne direction de cette opération que dépend en grande partie la beauté de la fabrication.

Le mordançage doit se faire à froid, c'est-à-dire à la température de 18° à 20° centigrades, quand on a des foulards à fond blanc ou à fond de couleur claire à fabriquer. Dans ce cas, on fait simplement immerger les foulards dans le mordant pendant quelques heures : quatre à cinq heures suffisent. Il faut les retourner de temps à autre pour que les parties du bain soient de la même densité partout, et que le mordançage se fasse d'une manière égale.

Pour les foulards à fonds bleus ou verts foncés, à fonds bruns ou noirs, il faut élever la température du bain à 60°; il se fixe plus d'étain sur l'étoffe, et les couleurs que l'on obtient sont plus nourries, plus belles. Les foulards destinés aux impressions à effets doux, et dont les fonds doivent être d'un blanc parfait, sont imprimés sans être mordancés.

Il arrive quelquefois, après un certain nombre d'opérations, que le bain se trouble et qu'il se dépose de l'oxyde d'étain au fond de la cuve : dans ce cas, il faut décanter le liquide et bien nettoyer sa cuve; car il est indispensable que le mordant soit parfaitement limpide.

II

IMPRESSION

IMPRESSION A LA MAIN

5. L'impression à la planche ou à la main est ainsi nommée parce que l'imprimeur transporte les couleurs sur le tissu au moyen de planches en bois ou en métal gravées en relief.

Il n'entre pas dans le cadre de notre ouvrage de donner la description des baquets, des châssis, des maillets, etc., tous ces objets devant être connus du lecteur. Il nous suffira de dire que le baquet est une caisse en bois contenant un mucilage gommeux, à la surface duquel repose un cadre en bois. On a fixé une toile cirée sur ce cadre, de manière à ce qu'il puisse supporter un châssis recouvert de drap. C'est sur ce drap que l'imprimeur étend sa couleur au moyen d'une brosse destinée à cet usage ; il y applique ensuite la planche gravée, et de là il la reporte sur le tissu, qui reçoit ainsi une première empreinte du dessin que l'on veut reproduire. Quand cette impression de la première couleur est terminée sur tous les foulards tendus sur la table d'impression, l'ouvrier prend un autre châssis, une seconde couleur et la seconde planche de son dessin ; il opère comme pour la première couleur, en se guidant pour cette impression, comme pour les suivantes, d'après les *picots* de repérage de la première planche, qui correspondent avec ceux de toutes les autres.

Le premier soin du chef d'atelier est de veiller à la bonne construction des tables d'impression. Elles doivent être formées de madriers de bois dur et sec (fig. 4), avoir une largeur qui dépasse de quelques centimètres seulement celle de l'étoffe à imprimer, et une longueur suffisante pour qu'on puisse y étendre six foulards à la fois, et même douze, quand on imprime des robes de foulard. Cela permet aux couleurs d'impression de bien sécher avant qu'on imprime celles qui leur succèdent, et qui parfois couvrent les premières. Les tables sont garnies à leurs extrémités d'un peigne, A, et d'un rouleau, B, qui permettent d'y tendre parfaitement le tissu à imprimer. On dispose au-dessus ou au-dessous de la table d'autres rouleaux, *a*, *b*, *c*, sur lesquels on fait passer l'étoffe, de manière qu'elle sèche parfaitement. On l'enroule ensuite en C.

La table, bien nivelée, est recouverte d'un drap épais, que l'on tend bien à sa surface. Par-dessus ce drap on fixe de la même manière, au moyen de petits clous, une toile cirée de la même longueur et de la même largeur que la table. L'ouvrier imprimeur place ensuite à l'une de ses extrémités son rouleau de foulards, qu'il déroule jusqu'à l'autre bout de la table. On tend le tissu, autant que cela est nécessaire, au moyen d'une petite manivelle fixée au rouleau, de manière que la surface en soit bien unie et qu'il n'y reste pas de pli nuisible à l'impression. Quelquefois, au lieu de toile cirée, on fait suivre les foulards, à mesure qu'on les imprime, d'une pièce de calicot appelée *doublier*, qui les sépare du drap qui recouvre la table. Ce dernier moyen est plus coûteux, mais il donne de meilleurs résultats quand les salles d'impression sont basses et que l'humidité produite par l'évaporation des couleurs s'y maintient et empêche ces dernières de sécher rapidement sur l'étoffe, en produisant ce qu'on appelle leur coulage.

6. Quand tout est préparé comme nous venons de le dire, l'imprimeur commence son travail. S'il a un dessin à plusieurs couleurs, il imprime d'abord le noir ou le brun pour contour; puis le gros vert, le ponceau, le gros violet, le gros bois et le petit bleu ; c'est-à-dire toutes les couleurs foncées, à l'exception du bleu, dont le clair s'imprime en premier. Il rentre ensuite les couleurs simples d'enluminage, puis les couleurs claires, telles que les roses, violets, verts, bois clairs; puis le bleu foncé ou gros bleu. On imprime les fonds en dernier.

Les fonds et les parties un peu fortes des dessins doivent être rappliqués à l'impression, pour que la couleur soit bien nourrie.

Nous allons indiquer les différentes précautions que l'on doit prendre pendant l'impression quand on veut obtenir des résultats satisfaisants :

I. Maintenir la plus grande propreté dans les ateliers; veiller surtout à la conservation et au bon entretien des planches d'impression, à la propreté minutieuse des brosses, des châssis, etc.

II. On doit faire laver les draps de châssis des couleurs claires après deux jours d'emploi; ceux des châssis de la couleur orange à la graine de Perse tous les jours, ainsi que ceux des bleus de France. On se sert jusqu'à ce qu'ils soient usés, sans les laver, des draps de châssis de ponceau et de noir. Ces couleurs deviennent en effet plus belles, plus nourries, quand on se sert de châssis dont les draps sont imbibés de couleur depuis un temps plus long. Quand on les remplace par des draps neufs, il faut avoir soin de bien imbiber ces derniers de couleur et de ne s'en servir que deux jours après cette préparation préalable. Il en est de même pour les couleurs brunes, les violets foncés, les gros verts : on ne lave leurs draps de châssis que tous les mois, et on a le soin de les préparer deux jours avant de s'en servir.

III. Il faut que les couleurs soient toujours contenues dans des vases bien couverts, pour qu'aucune matière étrangère ne s'y mêle. Quand elles sèchent, c'est-à-dire qu'elles s'épaississent, il faut y ajouter de la couleur liquide (ou bouillon) jusqu'à ce qu'elles aient la consistance nécessaire. Quand il s'y forme des grumeaux, il faut les faire passer dans un tamis de soie.

IV. La couleur orange n° 3 pour fonds ne peut être employée que quand elle est nouvellement faite ; aussitôt qu'elle devient trouble, elle ne peut plus servir à l'impression des fonds, et on mêle ce qui en reste à l'orange n° 2 pour rentrure.

V. La couleur bleu de France pour fonds doit être passée, immédiatement avant l'impression, à travers une toile de coton assez fine pour retenir les moindres parties des cristaux salins qui s'y forment parfois, et qui, s'ils étaient portés par la planche sur le tissu, y produiraient des taches blanches qui ne se voient qu'après le fixage et le lavage de l'étoffe. Avec de la couleur récemment faite, cet inconvénient ne se présente pas.

VI. La couleur enlevage *sur bleu de teinture* (chapitre VI) ne peut être imprimée comme les autres : les châssis, au lieu d'être garnis d'un drap, le sont de toile de coton ; et au lieu de brosse pour y étendre la couleur, le tireur se sert d'un petit rouleau de bois d'une longueur égale à la largeur du châssis. La couleur enlevage, qui est composée de soude ou de potasse caustique, exerce une action destructive moins grande sur le bois et le coton que sur la laine du drap ou les crins de la brosse, qui après quelques instants de travail ne pourraient plus servir.

Quand l'imprimeur enroule ses foulards au fur et à mesure qu'ils sèchent, il faut qu'il les fasse suivre par un doublier qui s'enroule avec eux, pour empêcher les rapplicages qui auraient lieu sans cette précaution, surtout quand le temps est humide. En effet, les parties imprimées, venant à toucher celles du fond bleu qui ne le sont pas, y détruiraient une partie de la couleur, et les traces du dessin se verraient ainsi partout où il y aurait eu un attouchement de ce genre : le doublier empêche cette action par son interposition.

Il faut, aussitôt après l'impression, faire laver les foulards destinés à être imprimés en *enlevage blanc;* car le peroxyde de fer qui se forme par une plus longue exposition à l'air est plus difficilement soluble dans les acides que l'on emploie dans l'opération qui suit celle du lavage.

VII. Quand on imprime des foulards à garancer (chapitre V), il faut empêcher leur contact avec les couleurs vapeur; avoir des châssis qui ne servent qu'à ce genre d'impression. La plus grande propreté est nécessaire à une bonne réussite, et souvent la négligence d'un ouvrier qui a pris un drap de châssis mal lavé, qui a servi à l'impression d'autres couleurs, suffit pour que la fabrication soit manquée. Il faut que les couleurs soient *bien fournies* à l'impression : aussi se sert-on le plus souvent de planches chapeaudées; sinon, on rapplique les couleurs. Il faut bien laisser sécher le noir d'impression avant d'y rentrer le rouge, si toutefois cette planche de rentrure recouvre celle du noir.

Nous recommandons au lecteur de ne négliger aucune des précautions que nous venons d'indiquer, et qui contribuent toutes à la bonne réussite de la fabrication.

Après l'impression, on porte les pièces aux ateliers de fixage ou à l'étendage des garancés, selon les genres que l'on fabrique.

IMPRESSION DES ÉTOFFES CHINÉES

7. Quand on a des tissus à fabriquer en *chiné*, il faut avoir des tables longues de 12 à 15 mètres, garnies de leur peigne et de leurs rouleaux (fig. 5). On place la *chaîne* à imprimer bien enroulée à l'un des bouts de la table, A B, et on la déroule avec les plus grands soins, de manière que les fils en soient bien également tendus et présentent, autant que possible, une grande égalité de surface. On a eu le soin de faire tisser, à chaque mètre en longueur de la chaîne, quelques fils de *trame*, *a b c d e*, qui empêchent ceux de la chaîne de se mêler les uns aux autres, ou de se casser, à l'enroulage, au fixage et au lavage : ces opérations, étant en effet les mêmes que pour les étoffes de soie ordinaires, exigent plus d'attention et doivent être faites avec les soins les plus minutieux.

D'après ce que nous venons de dire, on voit que pour fabriquer les foulards dits *chinés* on prend une *chaîne de soie* (on appelle chaîne une réunion de fils préparés avec soin en bobine, qui forment la première partie du tissu, dont l'autre est la trame), sur laquelle on imprime un dessin quelconque. La chaîne est ensuite soumise aux opérations du fixage et du lavage, puis séchée avec le plus grand soin pour éviter le coulage des couleurs. On la livre ensuite au tisserand, qui rentre la trame pour former le tissu. Celui-ci présente alors à nos yeux, au lieu d'un dessin à contours bien arrêtés, des figures légèrement brisées qui lui donnent un aspect tout nouveau. Les nuances sont aussi plus ou moins modifiées, selon la couleur du fil de la trame, et l'on peut en varier les effets à l'infini.

On réserve, avant l'impression, des espaces vides dans la chaîne, quand on a l'intention d'y tisser des bandes de satin ou de velours en même temps que la trame qui doit produire le *chiné* : on obtient ainsi des effets d'une richesse incomparable; et nous pouvons dire ici que la combinaison de ces deux arts du tissage et de l'impression est un des plus grands progrès de l'industrie moderne.

IMPRESSION A LA PERROTINE, A LA PLANCHE PLATE, ET AU ROULEAU

8. Il n'entre pas dans le cadre de notre ouvrage de parler de la construction de ces machines, et nous nous adressons ici aux personnes qui connaissent tous les instruments dont on se sert dans une fabrique d'étoffes imprimées : aussi n'en faisons-nous mention que pour indiquer les précautions à prendre quand on s'en sert pour imprimer les foulards.

Les mêmes couleurs que nous employons pour l'impression à la main peuvent servir à l'impression à la perrotine. Il faut avoir le soin de les maintenir parfaitement pures de matières étrangères, telles que du sable ou des corps résineux provenant des *extraits* de matières colorantes, qui font *crasser* les couleurs à la planche, nécessitent des nettoyages fréquents, et qui empêchent ainsi que l'on obtienne une impression égale.

Nous sommes arrivés aujourd'hui à imprimer, au moyen de godets qui sont remplis de différentes couleurs et qui correspondent au châssis d'une même planche, sept à huit couleurs à la fois avec deux ou trois planches seulement, c'est-à-dire avec une perrotine à trois couleurs. C'est là ce qu'on appelle l'impression à compartiments ; les ingénieux appareils de M. Perrot en ont rendu l'usage très-avantageux, et la plupart de nos fabricants français et des grands manufacturiers de l'Europe les emploient avec succès.

Les mêmes couleurs, plus fortement épaissies et d'une concentration plus grande, servent également aux deux genres d'impression à la planche plate ou au rouleau. Dans la première de ces machines, c'est une planche en cuivre, gravée en creux, qui sert à la reproduction du dessin sur l'étoffe ; et dans la seconde ce sont des cylindres en cuivre, gravés aussi en creux, qui servent à l'impression. La description de toutes ces machines et de leurs accessoires se trouve dans tous les ouvrages techniques ; aussi ne faisons-nous que les mentionner ici. Nous ferons seulement remarquer qu'il faut, pendant l'impression des étoffes de soie à la perrotine, à la planche plate ou au rouleau, maintenir une température modérée dans les appareils attenant à ces machines et destinés à sécher les étoffes que l'on vient d'imprimer. En effet, si elle dépasse

30° c., les acides végétaux et les sels acides qui entrent dans la composition des couleurs désagrègent le tissu et le *brûlent.*

Les plus grands soins sont donc nécessaires pour éviter cet effet. Il faut cependant que le séchage des couleurs ait lieu assez promptement, à mesure qu'on les imprime, pour que leur coulage, c'est-à-dire la fusion des unes dans les autres, n'ait pas lieu quand on en imprime plusieurs à la fois. C'est à l'imprimeur à bien observer la température de ses appareils de séchage, de manière qu'elle ne soit ni trop basse ni trop élevée.

Les traitements subséquents qu'on fait subir aux tissus imprimés au moyen de ces diverses machines sont les mêmes que ceux des foulards imprimés à la main (chapitre III).

IMPRESSION PAR LES PROCÉDÉS LITHOGRAPHIQUES

9. L'application de la lithographie, et surtout de la chromo-lithographie, est une des idées les plus heureuses dont se soient inspirés les fabricants de foulards, et les produits obtenus par ce moyen sont d'une délicatesse à laquelle on ne peut parvenir par les modes ordinaires d'impression.

Nous allons indiquer sommairement ce que c'est que la lithographie, et en quoi consiste le procédé chimique de ce genre d'impression.

10. L'art d'imprimer au moyen de pierres calcaires trouvées en Bavière, fut découvert par l'Allemand Sennefelder, en 1799. MM. André d'Offenbach essayèrent, mais inutilement, de l'introduire en France en 1807 ; ce n'est qu'aux efforts persévérants et intelligents de M. de Lasteyrie que l'on doit la fondation du premier établissement lithographique en France.

La pierre lithographique, dont il existe de nombreuses carrières en Allemagne et même en France (les premières sont plus estimées), est une pierre calcalcaire (carbonate de chaux) qui a beaucoup d'affinité pour les matières grasses, avec lesquelles elle peut s'unir d'une manière intime. Elle a aussi la propriété d'être facilement décomposable par les acides, et d'absorber l'eau avec une grande avidité, c'est-à-dire d'être très-hygrométrique. C'est à ces deux propriétés, si différentes l'une de l'autre, et à leur opposition constante, que l'on doit la possibilité d'imprimer au moyen de pierres lithographiques.

Nous allons expliquer en peu de mots le mode d'opérer.

11. On commence par bien aplanir les pierres dont on veut se servir en les frottant à plat l'une contre l'autre et en leur donnant un mouvement de va-et-vient égal et régulier, après avoir préalablement placé entre elles du sable de grès mêlé à de l'eau. Quand les pierres sont parfaitement planes, on leur donne un grain plus ou moins fort, selon le dessin que l'on veut reproduire, en recommençant l'opération dont nous venons de parler, mais que l'on fait avec du sable fin bien tamisé et mêlé avec de l'eau. On polit quelquefois les pierres lithographiques avec de la pierre ponce, quand on a des travaux dont l'exécution l'exige.

La pierre étant ainsi préparée, on y dessine avec soin l'objet que l'on veut reproduire sur le papier ou sur le tissu, au moyen d'un crayon gras appelé crayon lithographique et composé de cire, de suif, de savon et de noir de fumée. On se sert aussi de pinceaux et d'une encre d'une composition analogue à celle du crayon; on la broie avec de l'eau jusqu'à ce qu'elle ait la consistance voulue.

12. Quand le dessin est achevé avec tous les soins que nécessite ce travail, il faut préparer sa pierre de la manière suivante : On prend de l'acide nitrique étendu d'eau de manière qu'il marque 5 1/2 à 6° à l'aréomètre de Baumé; on y ajoute son volume d'eau gommée épaissie jusqu'à ce que le mélange pèse 12° à l'aréomètre; puis on l'étend au moyen d'un pinceau sur la pierre dessinée. Quelquefois on prend de l'acide sans mélange d'eau gommée, quand le travail du dessin exige une préparation plus énergique. Partout où l'acide rencontre les parties de la pierre non dessinées, il y a décomposition du carbonate calcaire, évaporation avec effervescence de l'acide carbonique et formation d'un nitrate de chaux soluble.

La partie intérieure de la pierre est ainsi mise à découvert, et cette désagrégation l'a rendue plus sensible encore à l'action de l'eau, c'est-à-dire plus hygrométrique, ses pores étant moins serrés, sa surface moins polie. Partout, au contraire, où l'acide a rencontré les parties dessinées, la pierre est restée dans son état naturel; car la matière grasse du crayon ou de l'encre lithographique combinée avec la pierre a préservé cette dernière de toute décomposition. De plus, le savon qui entre dans sa formation ayant été décomposé par le contact de l'acide, son alcali s'est combiné avec ce dernier, et sa partie grasse avec la pierre, en formant ainsi un mélange intime que de simples lavages à l'eau ne pourront plus détruire, et qui se combinera facilement avec les encres d'impression. L'effet de l'acide a donc été double : désagrégation partielle des parties non dessinées de la pierre, et augmentation de ses propriétés hygrométriques; fixation dans la pierre des matières grasses du crayon ou de l'encre lithographique, par la décomposition du savon qui en fait partie.

La gomme que l'on mêle à l'acide sert à modérer et à mieux diriger son action quand on a des dessins d'un travail délicat, et elle forme avec le sel calcaire un composé gommeux dont il reste toujours des traces dans la pierre, et qui est indispensable à la bonne réussite de la lithographie.

Aussitôt que l'on reconnaît que l'effet produit par l'acide est suffisant, ce que l'habitude seule de ce travail peut nous faire apprécier, on regomme la pierre au moyen d'eau gommée pure, c'est-à-dire sans la moindre trace d'acide. On laisse sécher la gomme sur la pierre, et douze heures après on la lave avec soin avec de l'eau pure. On enlève ensuite la trace du dessin au moyen d'essence de térébenthine, et la pierre présente alors l'aspect suivant : les parties dessinées ont laissé une trace ou empreinte grasse dans la pierre, qui s'emparera facilement de l'encre lithographique d'impression et repoussera l'eau dont on imbibera la pierre pendant le travail. Toutes les parties attaquées par l'acide seront au contraire avides d'humidité, et une fois qu'elles en seront saturées, elles repousseront l'encre d'impression et conserveront leur couleur naturelle.

Voyons maintenant comment on procède à l'impression, et de quelle manière s'opère ce travail.

13. On se sert pour imprimer les dessins lithographiés d'une presse d'une construction fort simple, pour la description de laquelle nous renvoyons le lecteur aux ouvrages techniques. Nous nous contenterons de dire ici que le chariot mobile qui porte la pierre, et par-dessus lequel s'abaisse à volonté un châssis en cuir, passe, pendant le travail, sous un râteau au moyen duquel on peut donner la pression nécessaire. C'est donc une espèce de *planche plate* dont le rouleau presseur est remplacé par un râteau en bois taillé en biseau.

La pierre préparée comme nous l'avons dit, on la place sur le chariot de la presse avec toutes les précautions en usage, et l'on procède à son encrage de la manière suivante : On se sert de rouleaux en bois destinés à cet usage et garnis à leurs extrémités de poignées en bois arrondies et terminées en cône. Ces rouleaux sont recouverts d'une flanelle et d'un fourreau en peau de veau; les poignées elles-mêmes sont garnies de fourreaux mobiles en peau. On roule le rouleau sur une table de marbre sur laquelle on a étendu de l'encre d'impression; quand il est bien encré on le passe sur le dessin de la pierre en le roulant lentement et avec force pour l'empêcher de glisser. Le dessin reparaît alors peu à peu, et l'on continue d'encrer la pierre jusqu'à ce que toutes ses parties aient pris le ton voulu, brillant et vigoureux. Cela fait, on place son papier, et dans le cas particulier dont nous nous occupons, le foulard à imprimer, sur la pierre; on le recouvre d'une maculature (feuille de papier collé qui sert à cet usage), on abaisse le châssis, puis le râteau, et on fait passer la pierre sous ce dernier au moyen de la manivelle. Le dessin se trouve ainsi transporté sur l'étoffe qu'on a voulu imprimer. On l'enlève avec délicatesse, on le suspend à des ficelles ou on l'étend sur une table. On mouille de nouveau la pierre au moyen d'une éponge imbibée légèrement d'eau pure; on l'encre comme la première fois; on y pose un nouveau foulard, puis le papier de maculature; on fait de nouveau manœuvrer la presse en abaissant le châssis, puis le porte-râteau, et en faisant faire la course au chariot qui porte la pierre.

Comme il est facile de le comprendre, les parties attaquées par l'acide sont, après avoir été mouillées convenablement, insensibles à l'action de l'encre, tandis que, au contraire, les parties dessinées et imprégnées de matières grasses repoussent l'eau de l'éponge et retiennent à elles l'encre avec laquelle le rouleau fournisseur les met en contact.

L'encre noire lithographique est simplement composée d'un vernis (huile de lin dégraissée et bouillie jusqu'à ce qu'elle atteigne la consistance nécessaire) que l'on broie sur une table de marbre avec du noir de fumée calciné préalablement pour lui enlever ses parties grasses ou résineuses.

14. Quand on veut avoir des impressions en couleurs, on peut combiner son vernis avec d'autres matières colorantes que le noir de fumée : on peut employer le bleu d'outremer, le bleu d'indigo, le bleu de Prusse, le jaune de chrome, la terre de Sienne, et même toutes les laques de couleurs végétales. Il est inutile d'ajouter que l'on doit faire broyer avec le vernis toutes les matières que l'on emploie, avec le plus grand soin, en très-petite quantité à la fois, afin que l'encre soit bien fine, bien pure.

Quand on veut reproduire des dessins coloriés, on se sert de plusieurs pierres, et cette branche nouvelle de l'art de la lithographie constitue la chromo-lithographie.

Le dessinateur lithographe dessine alors sur une pierre tous les contours de son dessin ; puis l'imprimeur, au moyen du procédé de décalque, reporte ce dessin sur autant de pierres qu'il lui en faudra pour arriver aux effets de la peinture ou du dessin colorié qu'il doit reproduire. Il dessinera ensuite, au moyen du crayon lithographique, ou il peindra avec l'encre lithographique, *chacune* des parties différemment coloriées du dessin, *sur une pierre différente*, de sorte que *chaque couleur* aura *sa pierre propre*.

Certaines nuances composées s'obtiennent à l'impression par la superposition ou l'impression successive de plusieurs couleurs : c'est ce dont doit tenir compte le dessinateur lithographe.

Au moyen d'une machine *ad hoc*, appelée machine à repérer, que l'on ajuste par-dessus les pierres, on peut imprimer avec autant de facilité un dessin de quinze ou vingt couleurs qu'un dessin d'une seule couleur : c'est de l'habileté de l'ouvrier imprimeur que dépendra la bonne réussite du travail, et il faut qu'il y consacre les soins les plus minutieux.

Les foulards destinés à l'impression *lithographique* et *chromo-lithographique* doivent être blanchis de la manière ordinaire, comme pour les autres genres d'impression, puis passés fortement à la calandre, et on les tend ensuite de manière à empêcher qu'ils ne dévient pendant l'impression. Le repérage de chaque couleur peut alors se faire avec une grande précision, ce qui serait impossible sans cette précaution.

Après l'impression des foulards, on les étend à l'air pour faire sécher les couleurs, puis on les apprête et on les livre au commerce.

Quand l'achèvement du dessin nécessite la *rentrure* de couleurs complémentaires ou d'un *fond*, nous traitons alors ces foulards, après leur impression lithographique, d'après les procédés de l'impression à la main ; et au moyen de planches gravées nous rentrons toutes les couleurs *vapeur* qui doivent compléter le dessin.

Les foulards subissent ensuite toutes les opérations subséquentes du vaporisage, du lavage et de l'apprêt, comme nous les avons décrites dans le chapitre Ier. L'apprêt doit se faire au cadre et presque à froid, pour que les couleurs lithographiques ne soient pas altérées.

Tel est l'aperçu sommaire que nous donnons de ce mode d'impression, trop cher pour qu'il soit employé fréquemment, généralement peu connu des fabricants d'étoffes imprimées, mais au moyen duquel on peut obtenir des effets d'une richesse et d'une variété très-grandes.

III

FIXAGE, LAVAGE, AZURAGE, APPRÊT

FIXAGE

15. On donne ce nom à l'opération qui a pour but de fixer sur l'étoffe, en le développant, le principe des matières colorantes que l'on emploie dans la formation des couleurs *vapeur*.

Le fixage se fait au tonneau ou à la colonne. Nous allons examiner d'abord le premier de ces modes d'opérer.

Le tonneau sert à contenir la vapeur dans laquelle on suspend l'étoffe au moyen d'un cadre.

Le cadre (fig. 6) est composé d'un axe en fonte ou en bois, de 7 à 8 centimètres d'épaisseur. Cet axe porte à sa partie supérieure un crochet au moyen duquel on peut l'élever ou l'abaisser à volonté et le changer de place. Il est traversé un peu au-dessous du crochet de suspension par six ou huit bras garnis de petits crochets fixés, à leur partie inférieure, à un centimètre et demi les uns des autres. L'axe et ses bras sont enveloppés dans des fourreaux de drap qui sont destinés à empêcher la condensation des vapeurs d'eau, condensation qui produirait des taches sur les tissus imprimés, en en faisant *couler* les couleurs.

Quand le cadre est suspendu de manière que l'ouvrier chargé du travail puisse manœuvrer avec facilité, il le fait tourner sur son axe, et il commence par suspendre aux premiers crochets, à partir du centre, une pièce de drap qui, de cette manière, sera une continuation de l'axe. Puis, après deux tours du cadre, on suspend de la même manière, aux deux rangs de crochets suivants, une pièce de toile de coton destinée à cet usage, et qui servira de doublier à l'étoffe que l'on veut fixer. La largeur de cette toile doit dépasser de chaque côté, de quelques centimètres, celle de la pièce de foulards (15 centimètres). On continue de suspendre le doublier aux crochets suivants, mais on le fait suivre de la pièce imprimée, qui est entraînée ainsi dans le mouvement. On a le soin de fixer, au moyen d'une épingle, l'extrémité de cette dernière, afin qu'elle soit placée à égale distance des bords du doublier. On comprendra facilement que le travail de suspension se continuant, la pièce de foulards, maintenue dans sa direction par un autre ouvrier, ou au moyen d'un rouleau vertical autour duquel elle a été préalablement enroulée, suivra le mouvement rotatoire imprimé au cadre.

On continue de suspendre les doubliers aux crochets suivants, de manière qu'il y ait deux ou trois plis au plus au même crochet. On a le soin de fixer, au moyen d'une épingle, la pièce imprimée au doublier, à chaque série de dix foulards, pour qu'elle ne puisse glisser ni toucher au fond du tonneau pendant l'opération du fixage. On enroule ainsi jusqu'à six cents foulards à un cadre. On suspend aux derniers crochets quelques mètres du doublier, sans les faire suivre de la pièce de foulards, de manière à bien remplir le cadre. On suspend ensuite ce dernier dans un tonneau, D E, en faisant appuyer l'extrémité de ses bras sur des tasseaux ménagés à plusieurs centimètres du haut du tonneau.

Le tonneau est en bois (fig. 5); ses douves ont une épaisseur de 5 centimètres environ; sa profondeur est de près de 2 mètres, et sa largeur de 1 mètre 35 centimètres. Le tuyau, K, qui amène la vapeur doit passer par un trou qui a été percé dans la partie inférieure du tonneau. Au-dessus de son ouverture, il faut avoir le soin de placer un chapiteau, L, en bois ou en métal, qui divise la vapeur, arrête l'eau de condensation, qu'elle entraîne avec elle et qui tacherait les pièces imprimées. On arrive entièrement à ce but en plaçant, à quelques centimètres au-dessus du chapiteau, un paillasson, M N, d'une épaisseur de 5 à 6 centimètres, et dans lequel la paille est bien également distribuée et maintenue par des fils qui la traversent de distance en distance. Il faut avoir plusieurs paillassons de rechange et les faire sécher après chaque jour de travail.

Quand le cadre est suspendu dans la cuve, on le recouvre d'un drap tendu sur un cercle en bois qui s'emboîte dans la cuve ; puis on ferme l'ouverture de cette dernière avec des couvertures de drap, que l'on maintient à leur place au moyen d'un couvercle mobile en bois, P N.

Il faut, avant chaque fixage, vider, au moyen d'un robinet, I, placé au bas du tonneau, toute l'eau qui s'y est condensée pendant l'opération précédente. Le fixage se fait à basse pression, et le manomètre doit marquer une atmosphère de pression pendant la durée du fixage, excepté pour les fonds ponceaux et oranges, où il ne doit indiquer qu'un quart d'atmosphère de pression.

Les foulards à fonds ponceaux, oranges, bleus de France, sont fixés deux fois. On a le soin de retourner les pièces, quand on opère le second fixage, de telle manière que le bout qui était le premier devienne le dernier, et que le côté qui était d'abord placé dans la partie haute de la cuve le soit ensuite dans sa partie basse. On suspend les pièces au même cadre, en ayant toutefois le soin de prendre de nouveaux doubliers bien secs. La durée du premier fixage doit être de quinze minutes, et celle du second de vingt minutes.

Tous les autres foulards, quelle qu'en soit la couleur, à fonds blancs, noirs, bruns, verts, etc., sont fixés une seule fois pendant quarante-cinq minutes.

Après le fixage, on suspend les pièces dans un séchoir, et, à l'exception des foulards à fonds bleus et verts, que l'on y laisse pendant vingt-quatre heures, on peut quelques heures après le vaporisage procéder à l'opération du lavage.

16. Le fixage à la colonne se fait de la manière suivante :

La colonne, A B (fig. 7), est formée d'un cylindre en cuivre, percé de trous et terminé à sa partie inférieure par un tube de forme conique, C D, qui entre à frottement dans un autre tube de forme semblable. Ce dernier met le cylindre en communication avec une sphère, E, qui se trouve placée au-dessus du générateur de vapeur. On l'ouvre et on le ferme à volonté au moyen d'un robinet, K.

La partie supérieure de la colonne est aussi terminée par un tuyau, que l'on peut ouvrir ou fermer au moyen d'un robinet, L, et qui sert à laisser échapper la vapeur, quand cela est nécessaire.

Le diamètre de la colonne est de 30 centimètres, et sa hauteur de 1 mètre 20 centimètres. Elle est percée de trous qui ont 1 millimètre 1/2 de diamètre, et qui sont placés à 5 millimètres les uns des autres.

On place la colonne, détachée de sa sphère, sur un chevalet; on l'entoure d'une toile d'emballage qui l'enveloppe comme un fourreau, puis de paille tordue en corde, que l'on recouvre encore d'une nouvelle toile d'emballage nouée à ses deux extrémités autour de la colonne. (La vapeur, après avoir traversé toutes ces différentes enveloppes, y a laissé toutes les parties condensées qu'elle entraîne avec elle, avant d'arriver à l'étoffe à fixer.) Après la troisième enveloppe, on commence à enrouler la toile de coton, ou doublier, que l'on fait suivre de la pièce de foulards que l'on veut fixer. On peut enrouler une soixantaine de foulards sur une colonne. On continue d'enrouler quelques mètres du doublier, sans accompagnement de foulards; puis on recouvre le tout d'une ensouple de drap que l'on serre contre la colonne, au moyen d'une ficelle, pour former une masse bien compacte et homogène.

On place ensuite la colonne, ainsi préparée, sur le tube conique de la sphère. On ouvre le robinet supérieur de la colonne, puis le robinet inférieur; la vapeur entre dans le cylindre et en sort immédiatement par la partie supérieure. Après quelques instants, on ferme cette dernière, et la vapeur, n'ayant plus d'issue, traverse avec force la toile d'emballage, la couche de paille, puis l'étoffe imprimée, sur laquelle elle produit l'effet désiré, sans y faire de taches de coulage, comme cela arriverait dans le cas d'un passage direct à travers les trous du cylindre.

Ce fixage se fait au même degré du manomètre que pour le fixage au tonneau; mais sa durée est moins longue que celle d'un fixage au tonneau.

Nous préférons le premier mode d'opérer, comme nous ayant donné des résultats plus certains et plus réguliers, quoique les circonstances nous aient souvent obligé à nous servir de la colonne, dont l'établissement est moins coûteux et exige un local moins vaste.

Nous voyons, d'après ce que nous venons de dire,

que la vapeur ne doit pas être trop humide, de peur de faire *couler* les couleurs. Son action est facile à expliquer : elle sert de véhicule à la matière colorante imprimée qui pénètre les pores du tissu, se combine avec lui et le mordant, auquel elle a été préalablement unie, et les mêmes phénomènes qui se passent pendant l'opération d'une teinture ordinaire se représentent. C'est pour cette raison que l'on a donné le nom de *teinture sèche* au fixage des couleurs à la vapeur. Nous aurons l'occasion de revenir plus tard sur ses effets et de les expliquer d'une manière plus complète.

LAVAGE

17. Il faut d'abord bien immerger les pièces dans l'eau courante, les laisser tremper jusqu'à ce que le mucilage des couleurs soit bien ramolli ; puis on rince doucement à la lisière, jusqu'à ce que toutes les parties colorantes étrangères à celles qui ont été fixées sur l'étoffe soient entraînées par l'eau. Un léger foulage, au moyen d'un traquet ou d'un battoir à la main, est souvent nécessaire pour opérer un nettoyage complet. Il faut qu'en tordant un bout de pièce l'eau en découle parfaitement incolore, pour que le lavage soit achevé.

Après le lavage des foulards, on en exprime l'eau à l'hydro-extracteur ; puis on les sèche, soit au moyen d'un séchoir à tambours (fig. 3), soit à l'étendage chaud ordinaire.

AZURAGE

18. Les fonds que l'on a réservés à l'impression, et qui doivent être d'un blanc aussi pur que possible, sont toujours un peu salis par les opérations du fixage et du lavage ; il faut donc tâcher d'en rétablir la pureté, et c'est là le but de l'opération que nous allons décrire.

On prépare dans une petite cuve à roulettes, AB CD (fig. 8), garnie de deux cylindres presseurs, E, F, autour de chacun desquels on a enroulé avec soin quelques mètres de toile, un bain d'eau contenant en dissolution de la cochenille ammoniacale et du carmin d'indigo, en quantités convenables pour lui donner une belle couleur violette. Il faut diminuer ou augmenter les quantités de ces deux matières colorantes, suivant le degré d'altération du *blanc* des foulards que l'on veut azurer. L'expérience seule peut guider l'ouvrier chargé de ce travail fort délicat.

On fait passer les pièces, au nombre de huit à dix à la fois, dans le bain, en changeant la position des rouleaux F et K, à mesure que chaque passage est terminé. On peut juger quand on doit s'arrêter, en comparant le blanc obtenu à celui d'un échantillon que l'on mouille préalablement et que l'on a conservé à ce sujet comme type.

Les pièces sont ensuite séchées et apprêtées.

APPRÊT

19. On imprègne les pièces de foulards, soit au moyen d'une éponge, soit au moyen d'une petite machine à plaquer, d'un mucilage composé de gomme adragante (60 litr. eau, 1k,500 gr. gomme adragante), dans lequel on ajoute de très-petites quantités de deutochlorure d'étain, destiné à donner aux foulards le *craquant* nécessaire.

Les pièces, qui avaient été préalablement enroulées sur un rouleau de bois, passent tout humides sur un cylindre métallique chauffé au moyen de la vapeur, ou d'un boulon de fer chauffé lui-même à une température voisine de celle du rouge sombre. Les pièces, ainsi séchées rapidement, sont ensuite soumises à l'action de la presse hydraulique, de la manière suivante : On les plie entre des cartons lisses, de la largeur de la pièce et de forme carrée, de manière à ce qu'il y ait un carton à chaque pli de l'étoffe. Quand on arrive au dixième carton, on intercale une plaque de tôle préalablement chauffée à une température élevée ; puis on continue le travail comme on l'avait commencé.

Quand la pile, ainsi obtenue et composée des pièces de foulards, des cartons et des plaques de tôle, a atteint la hauteur de 1 mètre 50 centimètres, on la soumet pendant dix heures à l'action de la presse hydraulique, de manière à la réduire aux deux tiers de sa hauteur primitive.

L'étoffe en est ensuite retirée et pliée en paquets de sept foulards, ou par robes, selon les articles que l'on a fabriqués.

Elle a acquis par tous ces traitements la souplesse et le brillant nécessaires, et elle est alors prête à être livrée au commerce.

Quand on apprête les foulards garancés, il ne faut

pas ajouter à l'apprêt de deutochlorure d'étain, et il faut entourer le cylindre métallique d'une toile fine, pour empêcher le *rouge* de brunir au contact du métal.

Quand on apprête des foulards à fonds couverts ou des foulards teints en bleu, il ne faut pas employer un mucilage aussi épais que pour les autres articles; car il blanchirait la nuance et la ternirait par sa superposition à la surface de l'étoffe.

On se sert à cet effet d'un mucilage dans la composition duquel on ne fait entrer que peu ou même point de gomme adragante, mais seulement de l'eau de riz presque pure et dans laquelle on verse une quantité très-minime d'une dissolution de colle de poisson. On peut même se passer de cette addition, quand on préfère un apprêt moins ferme.

Composition de l'apprêt.

Riz.	10 kil.
Eau.	50 litr.

Faire bouillir et ajouter

Gélatine très-blanche.	0^{k},500 gr.

Passer à travers un tamis avant de l'employer.

20. Il est préférable d'apprêter les foulards garancés au *métier*. A cet effet, on les tend tout humides sur un châssis assez grand pour une pièce de sept foulards, au moyen des petites aiguilles dont il est garni, et on les fait sécher ainsi tendus dans un séchoir chaud; le tissu devient, en séchant, parfaitement uni et brillant. Cet apprêt est préférable à celui du cylindre; car il ne ternit pas les couleurs garancées, et donne à la soie plus de souplesse.

IV

COMPOSITION DES MORDANTS

ET DES COULEURS VAPEUR

MORDANTS ET PRÉPARATIONS DIVERSES

21. Acétate d'alumine à 7° B. :

Alun.	70 kilogr.
Eau.	200 litres.
Acétate de plomb	60 kilogr.

On se sert d'une cuve de bois de la capacité de près de 300 litres, dans laquelle on met l'alun concassé; on y verse ensuite les 200 litres d'eau bouillante, et, après avoir fait dissoudre le sel au moyen d'une grande spatule en bois, on ajoute l'acétate de plomb, et on agite le bain pendant une demi-heure pour opérer la double décomposition des deux sels. Il se forme du sulfate de plomb, qui se dépose au fond de la cuve, et de l'acétate d'alumine, qui surnage, limpide et marquant 7° à l'aréomètre. Quand on emploie le pyrolignite de plomb au lieu d'acétate, on obtient du pyrolignite d'alumine au lieu d'acétate.

L'emploi du pyrolignite de chaux est plus économique, et m'a toujours donné d'excellents résultats, en observant les proportions suivantes :

Eau	180 litr.
Acide pyroligneux ou vinaigre de bois .	40 —
Alun	80 kil.
Pyrolignite de chaux.	32 —

On fait dissoudre les sels séparément, et on mêle les deux solutions dans une cuve dont la capacité est suffisante.

On agite le liquide au moyen d'une spatule, et l'on obtient un dépôt de sulfate de chaux et du pyrolignite d'alumine qui remplace parfaitement l'acétate dans tous ses emplois.

21 *bis*. Acétate d'alumine à 12° B. :

Eau	180 litr.
Alun	120 kil.
Acétate de plomb	105 —

21 *ter*. Pyrolignite d'alumine à 17° B :

Eau	160 litr.
Vinaigre de bois	40 —
Alun	144 kil.
Pyrolignite de chaux	64 —

On opère pour ces deux mordants comme pour les

premiers, et on obtient des acétate et pyrolignite d'alumine très-concentrés.

22. Tartroacétate de cuivre et de potasse :

Crème de tartre en poudre . . .	6 kil.
Eau	24 litr.
Acétate de cuivre	14 kil.

On fait bouillir la crème de tartre dans l'eau et on verse sa dissolution bouillante dans une petite cuve de bois qui contient le sel de cuivre. On agite bien le mélange jusqu'à parfaite dissolution des sels, et on laisse refroidir le tout. Il se forme un petit résidu de tartrate de potasse non décomposé et une dissolution du sel double, que l'on conserve dans des bombonnes ou dans une petite cuve munie d'un couvercle.

Le produit est de 27 litres, marquant 28° à l'aréomètre de Baumé.

23. Acétate d'indigo à 15° B :

Sulfate d'indigo à 18° B. (24) . .	50 litr.
Acétate de plomb.	24 kil.
Eau.	12 litr.

On verse le sulfate d'indigo dans un vase en grès, puis, après avoir fait dissoudre préalablement l'acétate de plomb dans l'eau, on mélange peu à peu les deux liquides au moyen d'une spatule en bois. Au bout de quelques instants la double décomposition a lieu, et le sulfate de plomb se dépose au fond du vase. On décante après quelques jours de repos le liquide, que l'on conserve dans des bouteilles bien bouchées.

Le produit est de 28 litres à 15° B.

En versant de l'eau bouillante sur le sulfate de plomb qui s'est déposé, on lui enlève le sel d'indigo qu'il a retenu mécaniquement, et on se sert de cette dissolution à un degré moins élevé.

24. Sulfate d'indigo à 18° B. :

Indigo en poudre	3 kil.
Acide sulfurique de Saxe. . . .	12 —

On verse avec précaution l'acide sulfurique fumant (de Nordhausen) dans un vase en grès. On y projette par petites portions l'indigo en poudre fine, de manière à ce que ce mélange ne s'échauffe pas trop fortement. Douze heures après avoir fait cette opération, qui demande beaucoup de soins, on ajoute à la dissolution assez d'eau pour qu'elle ne marque que 18° B.

Le produit doit être de 50 litres.

25. Sulfoprussiate d'indigo et de potasse :

Sulfate d'indigo à 18° (24). .	36 litr.
Prussiate jaune	22k,500 gr.

On projette le prussiate dans la dissolution d'indigo, et on mélange le tout jusqu'à ce que le cyanure soit entièrement dissous. Il faut opérer ce mélange avec précaution et en se servant d'une longue spatule qui permette de s'en tenir à une distance suffisante pour éviter les émanations du gaz cyanhydrique ou prussique qui se dégage.

Il faut couvrir avec soin les pots dans lesquels on conserve cette *composition* d'indigo, que nous emploierons fréquemment.

26. Prussiate d'étain (cyanure ferrosostanneux ou hydroferrocyanate d'oxyde d'étain) :

Prussiate jaune de potasse (cyanure ferroso-potassique)	5k,500 gr.
Eau chaude	40 litr.
Sel d'étain (protochlorure) . .	6 kil.
Eau	40 litr.

On fait dissoudre préalablement les sels dans l'eau, puis on met dans un pot de terre, ou dans une petite cuve en bois destinée à cet usage, les deux dissolutions. Il y a double décomposition, formation de prussiate d'étain blanc insoluble, qui se précipite au fond du vase, et de chlorure potassique soluble, que l'on décante après un repos de douze heures. On lave avec de l'eau froide le précipité obtenu, on filtre le liquide laiteux à travers un sac en feutre qui retient le prussiate d'étain; on le lave encore une fois sur le filtre, et quand la pâte blanche ainsi obtenue est assez épaisse, on l'enlève et on la conserve dans des vases couverts.

Le produit obtenu est de 30 kilogrammes.

Quand on prend une quantité plus considérable de sel d'étain, pour obtenir le prussiate d'étain, les bleus dans la composition desquels entre ce dernier sel deviennent plus clairs de ton, mais plus vifs.

27. Nitrate de fer à 45° B. :

Acide nitrique à 36°	30 kil.
Eau.	20 litr.
Limaille de fer	

On mêle l'acide et l'eau dans un vase de grès, et on y projette par petites portions de la limaille de fer jusqu'à ce que le liquide marque 48° à l'aréomètre de Baumé. On y ajoute ensuite de l'eau pour le ramener à 45°.

Le fer décompose une partie de l'acide nitrique, s'empare de son oxygène pour former de l'oxyde de fer, qui se combine avec l'autre partie, pour former le nitrate de fer. L'acide nitrique, en perdant une partie de son oxygène, est transformé en deutoxyde d'azote qui au contact de l'air absorbe de l'oxygène, et apparaît alors sous forme de vapeurs rouges d'acide nitreux.

Il reste souvent dans le nitrate de fer ainsi obtenu un excédant d'acide qui nuit à la fabrication; on s'en empare en ajoutant de l'acétate de plomb au liquide. On pèse :

Nitrate de fer à 45° B.	40 kil.
Acétate de plomb en poudre. . .	12 —

On mêle le tout dans un vase en grès, on remue

le mélange au moyen d'une spatule en verre, jusqu'à dissolution complète de l'acétate de plomb.

Ce dernier est décomposé par l'acide nitrique excédant, lui cède son oxyde de plomb, qui se précipite à l'état de nitrate de plomb au fond du vase. L'acide acétique rendu libre reste mêlé au nitrate de fer restant. On décante le liquide, et on le conserve dans des bombonnes bien bouchées.

28. Persulfate de fer à 40° :

Acide nitrique à 36° B.	48 kil.
Eau	32 litr.
Sulfate de protoxyde de fer. . .	192 kil.

On mêle l'acide et l'eau, et on y projette par petites portions le sulfate de fer concassé jusqu'à dissolution complète de toute la masse. L'oxyde de fer passe à un degré supérieur d'oxydation, en s'emparant d'une partie de l'oxygène de l'acide nitrique, et se combine de nouveau avec l'acide sulfurique pour former du persulfate de fer, auquel on donne improprement le nom de nitrosulfate de fer dans les ateliers.

Le produit est de 145 kilogrammes à 40° B. :

29. Potasse caustique :

Carbonate de potasse ou potasse du commerce.	30 kil.
Eau.	60 litr.
Chaux vive.	15 kil.

On fait dissoudre la potasse dans de l'eau, et on

verse cette dissolution dans une chaudière en cuivre. On la chauffe à 100°, et quand toute la masse est en ébullition, on y projette par portions de 2 litres le lait de chaux que l'on a formé préalablement avec les 15 kil. de chaux.

Après chaque addition partielle, on fait bouillir le liquide pendant deux minutes environ, puis on y verse de nouveau 2 litres de lait de chaux, et ainsi de suite jusqu'à son mélange complet avec la potasse.

Cette dernière est décomposée pendant l'opération; elle cède son acide carbonique à la chaux, et il se forme ainsi un carbonate insoluble qui se dépose au fond de la cuve. La potasse rendue libre reste dissoute dans l'eau à l'état de potasse *caustique*.

On décante le liquide, et on le concentre dans une chaudière en fonte, jusqu'à ce qu'il marque 34° à l'aréomètre de Baumé. Il faut le conserver ensuite dans des bombonnes parfaitement bouchées, pour éviter le contact de l'air, qui lui enlèverait en partie ses propriétés, en lui cédant son acide carbonique et le ramenant à l'état de carbonate.

30. Eau gommée épaisse :

Eau	150 litr.
Gomme de Sénégal.	160 kil.

On chauffe le mélange à 100° c. dans une grande chaudière, et quand la dissolution est opérée, on la verse dans une cuve de bois, destinée à cet usage, et dans laquelle on la laisse se refroidir. Toutes les parties légères et insolubles, étrangères à la gomme, montent à la surface de la dissolution, et y forment une croûte, que l'on enlève facilement.

Les parties plus lourdes, telles que le sable, se déposent au fond de la cuve, de sorte qu'on obtient ainsi une dissolution gommeuse, parfaitement claire et limpide.

On opère de la même manière quand on veut préparer une dissolution épaisse de gommidine Davidoff, de gomme céréale, ou de toute autre dextrine destinée à remplacer la gomme dans la composition des couleurs.

Eau gommée liquide ou 1/1 :

Eau gommée épaisse.	100 litr.
Eau froide.	100 —

31. Bouillon pour violets :

Eau gommée épaisse.	28 litr.
Eau.	20 —
Acétate d'alumine à 7° B..	8 —

32. Bouillon bleu M :

Eau chaude à 35°	26 litr.
Acide tartrique.	3 kil.
Acide oxalique	1 —
Eau gommée.	34 litr.
Prussiate d'étain	18 kil.

On fait dissoudre les acides végétaux dans l'eau, on y ajoute l'eau gommée, puis, après refroidissement, le prussiate d'étain en pâte : on mêle bien le tout, et on le passe à travers un tamis pour que toute la masse soit bien homogène. Il faut, au moment de se servir de ce bouillon, bien l'agiter avec une spatule, parce que le prussiate d'étain se précipite au fond du vase.

33. Décoction de cachou à 10° B. :

Cachou en masses.	16 kil.
Eau.	30 litr.
Vinaigre de bois à 3° B.	20 —

On fait dissoudre à chaud le cachou dans le mélange d'eau et de vinaigre, puis on le verse à travers un filtre dans une petite cuve en bois.

34. Décoction de graines d'Avignon à 10° B. :

Graines d'Avignon	90 kil.
Eau	240 litr.

On fait bouillir pendant quelques heures dans une grande chaudière, et on épuise les graines de matière colorante par quatre additions d'une nouvelle quantité d'eau.

On réunit ensuite tous les liquides, et on les concentre à 10° de l'aréomètre de Baumé.

Le produit doit être de 200 litres, quand la qualité des graines est bonne.

35. Décoction de sumac à 5° B. :

Opérez de même avec du sumac en poudre, et on obtiendra 680 litres de décoction en employant 100 kilogrammes de sumac.

36. Décoction de cochenille à 5° B. :

Cochenille entière	40 kil.
Eau.	150 litr.

On opère comme avec la graine, et après quatre renouvellements de l'eau on réunit les liquides, on les concentre à 5° de l'aréomètre, et on doit obtenir 160 litres de décoction.

37. Décoction de cochenille ammoniacale à 100 grammes par litre, n° 100 ·

Cochenille ammoniacale.	5 kil.

On la fait dissoudre dans de l'eau bouillante, on passe le liquide à travers un tamis de soie, et on y ajoute de l'eau de manière à obtenir 50 litres de dissolution.

38. Décoction de noix de galle à 15° B. :

Noix de galle.	5 kil.
Eau.	40 litr.
Vinaigre	5 —

On laisse tremper la noix de galle pendant quelques jours, puis on fait bouillir et on concentre le liquide à 15° de l'aréomètre de Baumé.

Il faut éviter de préparer ces décoctions longtemps à l'avance, à l'exception de celle de la graine d'Avignon, qui donne de meilleurs résultats quand elle est ancienne.

COULEURS PROPREMENT DITES

NOIRS

39. Noir contour n° 1 S C :

Extrait de campêche à 20° B. . .	56 litr.
Eau.	104 —
Amidon blanc.	14 kil.
Amidon grillé.	40 —
Sulfate de cuivre	5 —
Sulfate de fer.	5 —

On fait bouillir, et quand la consistance de la couleur est bonne, il faut la laisser refroidir à la température de 40°, puis y ajouter :

Alun	6 kil.
Suif.	5 —
Carmin d'indigo.	6 —

Et quand la couleur est froide :

Nitrate de fer saturé (27). . . .	18 —

Au moment d'employer la couleur on doit ajouter, pour chaque portion de 48 litres de couleur :

Essence de térébenthine.	3 litr.
Sulfoprussiate d'indigo	3 —

Cette dernière addition empêche le noir de *brûler* l'étoffe et de *couler* sous les couleurs de *rentrure.*

40. Noir pour fond S C, n° 2 :

Campêche à 20° B.	62 litr.	
Eau gommée épaisse à la dextrine .	72 —	(30)
Eau.	50 —	
Sulfate de cuivre	5 kil.	
Sulfate de fer.	5 —	
Alun.	6 —	
Carmin.	6 —	

On fait chauffer à 40° c., et on ajoute, après complet refroidissement :

Persulfate de fer (18).	18 kil.
Pyrolignite d'alumine à 17° B.. . .	6 —

préalablement mélangés; puis pour une portion de 48 litres :

Sulfoprussiate d'indigo.	3 kil.

41. Noir, contour et fond, S G :

Décoction de noix de galle à 15° B.	18 litr.
Amidon blanc.	2k,500 gr.

Amidon grillé. . . . . 2^k,500 gr.
Huile d'olive. . . . . 0^k,300 gr.
Suif. . . . . 1 kil.

Après la cuisson il faut ajouter à froid :

Muriate de fer à 40° B. . . . . 1 litr. $\frac{1}{2}$
Acétate de fer à 17° B. . . . . 2 litr. $\frac{1}{2}$

N. B. Ce noir est aussi employé pour les foulards teints en amarante (chapitre XII).

PUCES

42. Puce contour à l'orseille n° 1, S O (pour être imprimé avant les rentrures ponceau et orange, qui détruisent en partie le puce au bois) :

Orseille à 12° B. . . . . 110 litr.
Amidon blanc. . . . . 10 kil.

Après cuisson, ajouter à 40° de chaleur :

Alun. . . . . 8 kil.
Sel ammoniac . . . . 2 —
Acide tartrique . . . . 3 —

et à froid pour chaque partie de 10 litres de couleur :

Acétate d'indigo à 15° (23) ou sulfoprussiate d'indigo (25). . . . . . 2 litr.

Le même puce, sans addition d'indigo, produit une belle nuance plus rouge.

43. Puce fond au bois S B :

Extrait de Sainte-Marthe à 18° B. . .	10 litr.
— campêche à 20°	8 —
— quercitron à 20°	8 —
Acétate d'alumine à 12° (21).	16 —
Eau bouillante	6 —
Sel ammoniac (chlorure ammonique).	3 —
Tartroacétate de cuivre (22).	8 —
Eau gommée épaisse à la dextrine. .	36 —

On fait chauffer la couleur à 60° c.

44. Puce contour au bois, n° 0 S B :

Puce fond au bois S B.	16 litr.
Vert n° 1 S (76).	3 —

On peut varier les proportions des différents extraits et obtenir des couleurs plus ou moins foncées. Il faut aussi, pour éviter un inconvénient fort rare, il est vrai, mais qui se présente quelquefois, ajouter :

$\frac{1}{2}$ litr. de Vert n° 1 S à chaque partie de
16 — de Puce fond S B.

Il arrive parfois que les fonds puce, quand on néglige cette addition de vert, qui ne nuit en rien à la beauté de la couleur, sont tout piqués de taches orange. Nous attribuons cet effet à la formation d'un sel acide de cuivre qui se cristallise sur le châssis, surtout quand la température des ateliers d'impression est élevée et que les draps de châssis sont très-anciens. La moindre addition de vert ou de sulfo prussiate d'indigo suffit pour l'empêcher de se produire.

Les bruns au chlorate de potasse et au cyanure rouge dont nous parlerons à l'article des mousselines laine chaîne-coton et des indiennes vapeur, peuvent aussi être employés pour l'impression des foulards.

PONCEAUX

45. Ponceau contour n° 0 A S :

Cochenille de 6° à 8° B.	120 litr.
Amidon blanc	14 kil.

Après cuisson, on ajoute à tiède :

Sel d'oseille.	2k,250 gr.
Acide oxalique	2k,250 —
Sel d'étain (protochlorure d'étain) . .	4k,500 —

Puis, quand la couleur est tout à fait froide, on ajoute :

Deutochlorure d'étain à 60° B. . . .	2 kil.

46. Ponceau contour n° 1 A S :

Cochenille en grains.	13k,500 gr.
Eau bouillante	36 litr.
Acide oxalique	2 kil.
Sel d'étain (protochlorure d'étain). .	1k,250 gr.

On mêle le tout ensemble dans une cuve en bois

munie de son couvercle; après douze heures de macération, la cochenille est tout à fait ramollie, et il suffit de passer la masse à travers un tamis fin, et d'exprimer le liquide que retient encore le résidu, soit au moyen d'une petite presse à vis, ou, ce qui est préférable, du *cito-pressoir* de M. R. Kæppelin, pour obtenir toute la matière colorante contenue dans la cochenille. On y ajoute de l'eau pour obtenir un volume de

Liquide	48 litr.

on l'épaissit avec

Amidon blanc	7k,500 gr.

et quand la couleur est cuite, on la laisse refroidir, et on y ajoute

Deutochlorure d'étain à 60° B.	1 kil.

47. Ponceau pour fond A S :

Cochenille	39 kil.
Eau bouillante	200 litr.
Acide oxalique	10 kil.
Sel d'étain	7 —

240 litres de liquide obtenu : on épaissit avec

Amidon blanc	48 kil

Et l'on ajoute à froid :

Deutochlorure d'étain à 60° B.	4 kil.

48. Ponceau G S (couleur mère) :

Cochenille (décoction de) à 6° B. . .	104 litr.
Gomme	36 kil.
Protochlorure d'étain.	4^k,250 gr.
Sel d'oseille.	2^k,250 —
Acide oxalique	2^k,250 —

On chauffe à 40° pour bien dissoudre la gomme et les sels, et quand la couleur est refroidie, on y ajoute :

Deutochlorure d'étain à 60° B. . . . . . 2 kil.

On peut aussi faire macérer 30 kil. de cochenille avec les sels indiqués, dans de l'eau bouillante, de manière à obtenir un produit de 104 litres, que l'on épaissit avec 36 kil. de gomme, comme nous venons de le dire.

On ajoute aussi à froid 2 kil. de deutochlorure d'étain.

49. Ponceau rentrure n° 1, G S :

Ponceau mère G S.	7 litr.
Orange n° 3 S.	$\frac{3}{4}$ —

50. Ponceau fond n° 2, G S :

Couleur mère (49).	18 litr.
Eau gommée claire	4 litr. $\frac{1}{2}$
Orange n° 3 S (88).	3 —

L'emploi des ponceaux épaissis à la gomme est

plus économique que celui des mêmes couleurs épaissies à l'amidon blanc, malgré la différence du prix, qui est à l'avantage des dernières. Il faut, en effet, une quantité de couleurs presque double quand on imprime des couleurs épaissies à l'amidon au lieu de couleurs épaissies à la gomme, et, de plus, en employant ces dernières on n'aperçoit jamais les cassures blanches qui se voient après le lavage, et qui sont produites par la chute de la couleur, avant le vaporisage, à tous les plis que l'on a faits dans le tissu en l'enroulant après l'impression ; c'est surtout quand on a imprimé des fonds très-chargés que l'on remarque ce grave inconvénient. En effet, la couleur épaissie avec de l'amidon, restant, quand on l'imprime, à la surface de l'étoffe, s'en détache avec plus de facilité, avant le fixage, que celle à la gomme, qui, plus liquide, en a pénétré tous les pores pendant l'impression.

ROSES

51. Couleur mère S X :

Décoction de cochenille à 5° B (36).	30 litr.
Eau bouillante.	6 —
Protochlorure d'étain.	0^k,900 gr.
Acide oxalique.	1^k,500 —
Deutochlorure d'étain	0^k,600 —
Eau gommée épaisse.	24 litr.

On fait dissoudre préalablement l'acide oxalique dans l'eau.

52. Roses à différents degrés d'intensité :

	Rose mère S X.	Eau gom. 1/1.
Rose n° 2/1.	2 litr.	1 litr.
— n° 1/1.	1 —	1 —
— n° 3.	1 —	2 —
— n° 4.	1 —	3 —
— n° 5.	1 —	4 —
— n° 6.	1 —	5 —

53. Rose de Chine S :

Rose mère S X (51).	½ litr.
Eau gommée.	6 —
Jonquille S (87).	4 —

Roses maures.

54. Rose n° 1 S L :

Décoct. de cochenille ammon. n° 100 (37).	27 litr.
Eau gommée épaisse.	27 —

On fait chauffer la couleur à 40° c., et on la verse dans un pot de grès renfermant :

Alun.	2k,250 gr.
Sel d'oseille.	0k,562 —

55.	Rose n° 1 S L.	Eau gom. 1/1.
Rose n° 2 S L.	2 litr.	1 litr.
— n° 3 S L.	2 —	3 —
— n° 4 S L.	2 —	4 —

56. Rose très-foncé n° 0 S L :

Rose n° 1 S I (54)	4 litr.
Amarante S (57)	1 —

57. Amarante S :

Cochenille ammoniacale en tablettes .	8 kil.
Eau bouillante	14 litr.
Acétate d'alumine à 12° B.	12 —

On laisse infuser la cochenille pendant quelques heures, on chauffe doucement le liquide jusqu'à ce qu'elle soit dissoute, puis on le passe dans un tamis de soie, et on ajoute de l'eau chaude jusqu'à ce qu'on obtienne :

Dissolution.	28 litr.

on épaissit avec :

Gomme.	6 kil.

et on ajoute à 40° c.

Sel d'oseille.	1k,200 gr.

VIOLETS

Violets au bois de Campêche.

58. Violet mère S C :

Extrait de bois de Campêche à 20° B.	15 litr.
Acétate d'alumine à 12° B.	25 —
Cochenille ammoniacale en tablettes.	1k,250 gr.
Acide oxalique.	1 kil.

On mêle le tout ensemble dans une chaudière, et on le fait bouillir pendant deux minutes, puis on y ajoute

Eau gommée épaisse. . . . . 13 litr.

on laisse la couleur se refroidir et on y verse la dissolution suivante :

Dissolution de prussiate de potasse rouge à 18° B. (cyanure ferricopotassique). . .	6 litr.
Alun.	0^k,375 gr.
Acide oxalique.	0^k,250 —

On chauffe doucement jusqu'à dissolution complète des sels; on ajoute, à froid :

Deutochlorure d'étain à 60°. . . . 0^k,200 gr.

Avec cette couleur mère, et le bouillon violet, on obtient toutes les nuances du *violet* le plus foncé jusqu'au *lilas* le plus clair.

	Violet mère S C.	Bouillon violet.
59. Violet n° 2/1.	2 litr.	1 litr.
— n° 1/1.	1 —	1 —
— n° 2.	1 —	2 —
— n° 3.	1 —	3 —
— n° 4.	1 —	4 —
— n° 5.	1 —	5 —
— n° 6.	1 —	6 —
— n° 12.	1 —	12 —
— n° 24.	1 —	24 —
— n° 48.	1 —	48 —
— n° 72.	1 —	72 —

Violets à la cochenille.

60. Violet n° 1 S L pour gros violet :

Rose n° 1 S L . . . . 4 litr.
Bleu de ciel S I. . . . . 1 —

61. Violet n° 2 S L pour petit violet :

Violet n° 1 S L. . . . . 1 litr.
Eau gommée 1/1. . . . . 3 —

BLEUS

62. Gros bleu pour fond bleu de France n° 1 A S :

Eau. . . . . 30 litr.
Amidon. . . . . 6 kil.

On épaissit en faisant bouillir l'eau, et on verse l'empois obtenu dans une cuve en bois contenant :

Acide tartrique en poudre. . . 15 kil.
Acide oxalique. . . . . 0^k,750 gr.

On mêle bien le tout ensemble au moyen d'une spatule jusqu'à complète dissolution des sels, puis à 40° c. on ajoute :

Cyanure ferrosopotassique en poudre
(cyanure ou prussiate jaune). . . 15 kil.

On fait dissoudre en remuant la couleur jusqu'à son complet refroidissement, puis on y incorpore :

Prussiate d'étain (26). . . . . 20 kil.

Au moment de se servir de la couleur on y ajoute, pour une portion de 10 litres :

Dextrine. . . . . 1 kil.

Cette addition empêche la couleur de couler à l'impression et au fixage.

Quand on veut obtenir des bleus plus violacés, on emploie la couleur suivante :

63. Bleu n° 1 O X S :

Eau.	25 litr.
Amidon blanc.	4 kil.
Farine.	1k,750 gr.
Eau gommée avec de la gomme adragante à consistance épaisse.	4 litr.

Après cuisson, on verse la couleur sur :

Cyanure rouge. . . . . 4k,500 gr.

puis, à 45° c., on ajoute un mélange de :

Prussiate d'étain (26).	22 kil.
Cyanure d'étain jaune.	11 —

puis à 30° c. :

Acide tartrique.	13k,500 gr.
Acide oxalique.	0k,750 gr.

l'acide oxalique est dissous préalablement dans 2 litr. d'eau.

Quand la couleur est tout à fait refroidie, on y ajoute encore, au moment de s'en servir :

Acide sulfurique. . . . . 0k,850 gr.

dilué avec :

Eau. . . . . 0k,850 gr.

N. B. Cette seconde couleur bleue doit être fixée le même jour, et on ne doit pas la préparer longtemps avant son impression.

64. Bouillon A pour couper les bleus :

Amidon blanc. . . . . 6 kil.
Eau . . . . 64 litr.

Épaissir et ajouter quand l'empois est tout à fait froid :

Acide oxalique. . . . . 1k,200 gr.
Eau bouillante. . . . . 8 litr.

puis incorporer dans la couleur :

Prussiate d'étain (26). . . . . . 4 —
Deutochlorure d'étain à 60°. . . 1 —

65. Bleus à différents degrés d'intensité :

	Bleu n° 1 A.	Bouillon A.
Bleu n° 1/1 A.	1 litr.	1 litr.
— n° 2 A.	1 —	2 —
— n° 3 A.	1 —	3 —
— n° 4.	1 —	4 —

66. Bleus G S (couleur mère, n° 1) :

Eau gommée épaisse. . . . . 40 litr.
Eau . . . . 20 —

On fait bouillir dans une chaudière et on verse dans une cuve en bois sur :

Acide tartrique en poudre. . .	16 kil.
Acide oxalique.	1 —

et après dissolution complète des acides, on ajoute :

Prussiate jaune.	16 kil.

et à froid :

Prussiate d'étain (26).	28 —

67. Bouillon bleu G S :

Eau bouillante.	12 litr.

On les verse sur :

Acide tartrique.	1k,500 gr.
Acide oxalique.	0k,500 —

et on y ajoute :

Eau gommée épaisse.	16 litr.
Prussiate d'étain.	8 —

	Bleu mère n° 1 GS.	Bouillon bleu GS.
68. Bleu n° 2 GS.	1 litr.	2 litr.
— n° 3 GS.	1 —	3
— n° 4 GS.	1 —	4 —

69. Bleu n° 2/1 GS :

Bleu mère n° 1 GS.	6 litr.
Bouillon bleu GS	2 —
Prussiate d'étain.	1 —

70. La formation de la couleur bleue sur l'étoffe s'explique facilement par l'action des acides végétaux qui décomposent le cyanure ferreux et s'emparent de la potasse. Il y a dégagement d'acide cyanhydrique, et formation de *cyanure ferreux,* qui se fixe sur le tissu pendant le vaporisage.

L'oxydation de ce dernier se fait par l'exposition des pièces à l'air et à l'eau courante. Il se forme alors du bleu de Prusse, dont l'éclat est rehaussé par le cyanure d'étain qui entre dans la composition de la couleur d'impression.

71. Bleu de ciel pour fond S I :

Eau bouillante.	12 litr.
Alun.	0k,750 gr.
Acide tartrique..	1 kil.
Carmin d'indigo	2 —

72. Bleu de ciel n° 9 P S :

Première dissolution.

Eau bouillante.	4 litr.
Cyanure ferrosopotassique. . . .	0k,800 gr.

Deuxième dissolution.

Eau bouillante.	2 litr.
Acide tartrique.	0k,300 gr.

Troisième dissolution.

Eau.	3 litr.
Acide sulfurique	0k,300 gr.

On fait un mélange de :

Eau gommée épaisse.	12 litr
Eau.	6 —
Bleu de ciel S I	3 —

puis on y verse la première dissolution, puis la seconde et la troisième, en remuant chaque fois la couleur.

73. Bleu n° 10 P S plus clair :

Bleu de ciel n° 9 PS.	4 litr.
Eau gommée 1/1	1 —

74. Quand on imprime les bleus clairs pour fond, il faut éviter que les pièces restent entassées les unes sur les autres, car toutes les couleurs d'enluminage du dessin y laisseraient des traces blanches qui apparaissent au *lavage,* et même immédiatement après le *fixage.* On empêche facilement ce fâcheux effet de se produire, en suspendant les pièces dans un étendage sec jusqu'au moment du fixage.

Appendice aux bleus.

1. Bleu outremer n° 1 S :

Bouillon d'albumine.	7 litr. ½
Outremer en poudre.	4k,250 gr.

2. Bleu outremer n° 2 S pour double nuance :

Bleu n° 1.	1 litr.
Eau.	4 —
Blanc de zinc en poudre ou craie en poudre.	1 kil.
Bouillon d'albumine..	4 litr.
Savon ammoniacal.	½ —

Bouillon d'albumine :

Albumine retirée du sang. . .	6^k,500 gr.
Eau à 30° c.	16 litr.
Savon ammoniacal..	4 —

Savon ammoniacal :

Savon noir.	3 kil.
Eau chaude.	4 litr.

On fait dissoudre le savon, puis on ajoute :

Essence de térébenthine..	2 —

mêlé avec :

Ammoniaque.	2 —

L'albumine, en se coagulant au fixage, se transforme en *albumine insoluble,* qui retient dans les fibres du tissu la poudre d'outremer qu'on y avait mélangée.

VERTS

75. Vert ou couleur mère n° 1 S :

Extrait de quercitron à 20° B	27 litr.
Sulfate d'alumine.	3k,750 gr.

On chauffe à 45° c. pour dissoudre le sel, et on mélange la couleur avec :

Eau gommée épaisse.	21 litr.

On y ajoute à froid :

Sulfoprussiate d'indigo et de potasse (25).	36 —

76. Gros vert pour fond n° 8 X S :

Vert mère n° 1 S (75).	18 litr.
Vert n° 1 M (77).	6 —
Sulfoprussiate d'indigo et de potasse (25).	3 —

77. Vert n° 1 M :

Acétate d'alumine à 7° B (21)	24 litr.
Graines d'Avignon à 10° B (34). . . .	24 —
Eau gommée épaisse.	24 —

On chauffe le tout à la température de 70° c., et fait ensuite dissoudre :

Prussiate jaune (cyanure ferrosopotassique).	14 kil.

puis à 40° c. on ajoute à la couleur :

Acide tartrique.	3 kil.
Acide oxalique.	0^k,750 gr.

et quand la couleur est froide, on y incorpore :

Prussiate d'étain (26).	8 kil.

78. Myrthe pour fond S :

Gros vert n° 8 X S.	16 litr.
Violet mère S C (58)..	4 —

79. Vert seul S G n° 1 :

Graines d'Avignon à 10° B. (34). . .	24 litr.
Acétate d'alumine à 12° (21).	6 —
Sulfoprussiate d'indigo et de potasse. .	8 —
Eau gommée épaisse.	12 —

80. Vert seul n° 2 S G, plus vif :

Vert seul S G n° 1 (80).	3 litr.
Vert n° 1 M (78).	3 —
Sulfoprussiate d'indigo et de potasse (25).	1 litr. ½

81. Petit vert S :

Vert seul n° 1 S G (80).	6 litr.
Bouillon violet (31).	6 —
Acétate d'indigo à 15° (23)	½ —

82. Autre vert clair pour fond et pour double nuance, n° 114 S D :

Vert seul S G (80).	4 litr.
Vert n° 1 M (78).	4 —
Sulfoprussiate d'indigo et de potasse (25).	1 —
Acétate d'alumine à 7° (21).	4 —
Eau gommée 1/1	28 —

83. Vert n° 115 S D :

Vert n° 114 S D (80)	9 litr.
Graines d'Avignon à 10° B. (34). . . .	$\frac{3}{8}$ —
Acétate d'alumine à 7° (21).	$\frac{3}{4}$ —
Eau gommée 1/1.	5 litr. $\frac{1}{2}$

84. Vert d'eau n° 3 S :

Bleu de ciel S I (72)	1 litr.
Vert seul S G (80)	$\frac{1}{4}$ —
Bouillon pour violet (81).	2 —

85. Nous ferons remarquer ici que pour les couleurs bleues et vertes il est préférable de se servir d'une dextrine de bonne fabrication au lieu de gomme ordinaire. Les nuances en sont plus vives, et les couleurs moins chères.

Appendice aux verts.

1. Indigo vert :

Ce nouveau produit n'est qu'une modification du carmin d'indigo, et il possède la même propriété que le vert de Chine, de conserver à la lumière artificielle des appartements sa couleur naturelle.

On le prépare en dissolvant du sulfate d'indigo dans de l'ammoniaque; on filtre le liquide, et le produit obtenu est enfermé dans des vases clos et exposé pendant douze jours à la température de 20° à 25° c. La transformation est complète quand le précipité obtenu par l'addition d'acide sulfurique étendu d'eau dans la liqueur est vert et ne s'altère pas par une addition d'un excédant d'acide. Le précipité recueilli sur un filtre forme l'indigo vert.

Ce produit est soluble dans l'eau, et on l'emploie pour composer un vert vapeur, comme le carmin dans la composition d'un bleu vapeur, c'est-à-dire en l'unissant à de l'alun et à de l'acide tartrique dans une solution de gomme. (*Revue de Th. Grieben.*)

2. Vert à l'acide picrique :

On obtient aussi une couleur verte en employant l'acide picrique comme principe colorant jaune.

3. Vert foncé P I n° 1 :

Acide picrique.	0^k,250 gr.
Carmin d'indigo.	0^k,125 —
Alun.	0^k,125 —
Acide tartrique.	0^k,125 —
Eau bouillante.	1 litr. $\frac{1}{2}$
Eau gommée.	1 —
Acide sulfurique, étendu de deux fois son volume d'eau.	$\frac{1}{16}$ —

4. Vert clair P I n° 12 :

Vert P I n° 1.	1 litr.
Eau gommée.	6 —
Acide picrique.	0k,062 gr.
Eau chaude.	6 litr.

Vaporiser comme les autres verts.

JAUNES

86. Jonquille S ou jaune vif :

Eau chaude à 40°.	12 litr.
Alun.	1k,500 gr.
Acide tartrique	0k,750 gr.

On fait dissoudre les sels et on mêle la dissolution avec :

Graines d'Avignon à 10° B. . . .	24 litr.
Eau gommée épaisse	12 —

87. Orange pour fond n° 3 S G :

Graines d'Avignon à 10° B. . . .	3 litr.
Eau gommée 1/1.	3 —
Protochlorure d'étain.	0k,750 gr.

Nous ferons encore remarquer ici que l'on doit employer cette couleur aussi récemment composée que possible. Les draps de châssis doivent être lavés chaque jour. Sans ces précautions les fonds que l'on imprime deviennent *inégaux*, c'est-à-dire qu'il s'y forme des taches, des parties plus claires, et d'autres plus foncées; les planches marquent au rapport, et la fabrication devient tout à fait défectueuse.

Quand la couleur se trouble dans le vase qui la renferme, l'imprimeur ne doit plus l'employer pour les fonds, et elle sert alors de couleur pour rentrure sous le nom d'orange n° 2 S G, après y avoir ajouté une quantité égale d'eau gommée et de graines d'Avignon à 10° B :

88. Orange n° 2 S G :

Orange n° 3 S G.	2 litr.
Eau gommée 1/1	1 —
Graines d'Avignon à 10° B . . .	1 —

89. Orange pour contour n° 0 S A :

Graines d'Avignon à 10° B. . .	18 litr.
Eau	18 —
Amidon blanc.	4 kil.

Quand la couleur est cuite, on y ajoute :

Protochlorure d'étain.	2^k,500 gr.

on remue bien le mélange et on y incorpore à froid :

Ponceau pour contour A S. . .	18 litr.
Acide oxalique.	1^k,250 gr.
Deutochlorure d'étain.	0^k,625 —

90. Orange rocou S R :

Rocou en pâte.	12 kil.
Eau bouillante.	8 litr.
Potasse du commerce.	4 kil.

Il faut bien broyer le mélange, le passer à travers un tamis de toile métallique à mailles serrées, puis y ajouter :

Eau gommée épaisse.	16 litr.

91. Orange rocou S R A B :

Rocou en pâte.	3 kil.
Eau bouillante.	8 litr.
Potasse du commerce.	1 kil.

Broyer et passer au tamis métallique :

Amidon blanc.	0k,500 gr.
Amidon grillé.	1 kil.

On fait bouillir la couleur jusqu'à ce qu'elle ait acquis la consistance voulue.

92. Orange à la bixine S B :

Bixine..	0k,750 gr.
Potasse.	2 kil.
Eau bouillante.	10 litr.
Eau gommée épaisse.	10 —

93. La bixine est la partie colorante du rocou exempte des matières étrangères qui sont ordinairement mêlées au rocou en pâte. Les nuances qu'on obtient en l'employant sont plus vives, plus pures que celles provenant du rocou ordinaire. Il est donc avantageux de se servir de la bixine, d'autant plus que les couleurs dans la composition desquelles elle entre ne salissent pas les planches d'impression comme celles au rocou, et que l'imprimeur n'est pas interrompu dans son travail par la nécessité de les nettoyer fréquemment.

94. En coupant les couleurs orange (rocou ou bixine) avec de l'eau gommée ou *épaissie* avec de la dextrine, l'on obtient toutes les nuances qui en dérivent.

	Coul. orange.	Eau gomm.
Chamois n° 1 S foncé.	2 litr.	1 litr.
— n° 2 clair.	1 —	4 —
— n° 3 fond.	1 —	2 —

95. Rouge indien (au cyanure rouge) :

Extrait de Sainte-Marthe à 10° B.	12 litr.
Graines d'Avignon à 10° B. . .	2 —
Alun en poudre.	2 kil.
Cyanure ferrosopotassique à 18° (cyanure rouge).	2 litr.
Eau gommée épaisse.	12 —

On chauffe le mélange à 40° c.; la couleur devient rouge par le développement de la matière colorante du bois de Sainte-Marthe.

96. C'est le cyanure rouge qui sert d'oxydant, au lieu des sels de cuivre qu'on emploie ordinairement pour obtenir un effet analogue. Nous obtenons ainsi des résultats plus beaux, plus réguliers; la couleur ne devient pas plus foncée, quelle que soit l'époque à laquelle on l'a composée, et l'on peut imbiber les draps de châssis à l'avance, et s'en servir aussi longtemps que le travail l'exige, sans craindre d'inégalités dans les résultats, c'est-à-dire de produire un rouge de la nuance voulue le premier jour de l'impression, puis des rouges de plus en plus sombres, à mesure que l'on travaille plus longtemps.

Cette même remarque peut se faire relativement aux violets au bois de Campèche, dont nous avons indiqué la composition, et qui donnent pour les mêmes raisons des résultats réguliers.

COULEURS MIXTES

97. Cachou S n° 1 :

Décoction de cachou à 10° B. (33). .	24 litr.
Gomme en poudre.	12 kil.
Sel ammoniac (chlorure ammonique).	1 —

on ajoute à froid :

Tartroacétate de cuivre (22). . . .	6 kil.

98. Bois clair au cachou n° 2 S :

Cachou S n° 1 (101).	8 litr.
Eau gommée 1/1 à la dextrine. . .	8 —
Pyrolignite de fer à 8° B.	½ —

99. Cachou n° 3 X S :

Cachou S n° 1.	1 partie
Eau gommée 1/1.	3 —

100. Bois foncé ou acajou n° 1 S :

Cachou S n° 1 (97).	1 litr
Rouge indien (95).	2 —
Gros vert (couleur mère n° 1) (76). .	1 —

En coupant l'acajou n° 1 S avec de l'eau gommée 1/1 on obtient les autres nuances.

101. Autre gros bois n° 1 S C :

Ponceau G S mère (48).	4 litr.
Vert mère n° 1 S (75).	$\frac{1}{2}$ —
Jonquille soie (86)	2 —
Eau gommée épaisse.	1 —

102. Autre petit bois n° 2 S C :

Gros bois n° 1 S C (101).	1 litr.
Eau gommée à la dextrine 1/1.	6 —
Jonquille S (87)	1 litr. $\frac{1}{2}$

103. Bois rentrure S C :

Gros bois n° 1 S C (101).	1 litr.
Eau gommée à la dextrine 1/1.	1 —
Jonquille (87).	$\frac{1}{2}$ —

104. Petit bois n° 13 S L :

Eau chaude.	7/8 litr.
Alun.	0k,125 gr.
Acide oxalique.	0k,032 —
Dextrine ou gomme.	0k,875 —
Extrait de Cuba à 8° B.	7/8 litr.
Décoction de cochenille ammoniacale n° 100 (37)..	7/8 —

105. Gris foncé n° 35 S :

Décoction de sumac à 5° B.	30 litr.
Extrait de campêche à 5° B.	5 —
Alun en poudre.	2k,500 gr.
Acide tartrique.	0k,625 —
Sulfate de fer.	2 kil.

On chauffe le tout à 50°, et quand la couleur est froide on y ajoute le mélange suivant :

Décoction de cochenille ammoniacale n° 100 (37).	5 litr.
Acétate d'indigo à 15° B. (23). . . .	3 litr. $\frac{3}{4}$
Persulfate de fer à 40° B (28). . . .	2 —

106. Gris rentrure n° 36 S :

Gris n° 35 S.	1 litr.
Eau gommée à la dextrine 1/1. . . .	1 —

107. Petit gris n° 38 S :

Gris d° 35 S.	1 litr.
Eau gommée à la dextrine 1/1. . . .	2 —

108. Couleur olive n° 1 S :

Gris n° 35 S.	2 litr.
Graines d'Avignon à 10°.	$\frac{1}{2}$ —
Eau gommée à la dextrine.	2 —

109. Couleur olive n° 2 S :

Gris n° 35 S.	1 litr.
Graines d'Avignon à 10° B.	$\frac{1}{2}$ —
Eau gommée à la dextrine.	4 —

110. Olive très-foncée pour fond n° 0 S :

Quercitron à 20° B.	1 litr.
Sainte-Marthe à 20° B.	$\frac{1}{4}$ —
Acétate d'alumine à 12° B. (21). . . .	1 —
Pyrolignite de fer à 14° B.	$\frac{1}{2}$ —
Tartroacétate de cuivre à 28° B. (22). . .	$\frac{1}{4}$ —
Eau gommée à la gomme ou à la dextrine (épaisse).	2 —
Noir pour fond S G.	$\frac{1}{2}$ —
Sulfate de peroxyde de fer à 40° B. (28). .	0^k,500 gr.

111. Écrue n° 10 S :

Décoction de sumac à 5° B. (35). . . .	3 litr.
Persulfate de fer à 40° B. (28). . . .	0^k,250 gr.
Eau épaissie avec de l'amidon grillé, à raison de 500 gr. par litre.	12 litr.

112. Gris d'argent n° 13 S, pour fond clair :

Eau gommée 1/1.	20 litr.
Amarante S (57).	$\frac{1}{2}$ —
Sulfoprussiate d'indigo et de potasse (25).	$\frac{3}{8}$ —

113. Gris foncé n° 1 S pour double gris :

Amarante S (57).	$\frac{1}{2}$ litr.
Sulfoprussiate d'indigo et de potasse (25).	$\frac{3}{8}$ —
Eau gommée 1/1.	4 —

114. Gris plus verdâtre ou cendré n° 1 S :

Amarante S (57).	$\frac{1}{2}$ litr.
Sulfoprussiate d'indigo et de potasse (25).	$\frac{3}{8}$ —
Vert seul S G n° 1 (79).	$\frac{1}{4}$ —
Eau gommée 1/1.	1 litr. $\frac{1}{2}$

115. Cendré n° 2 S :

Cendré n° 1 S.	1 litr.
Eau gommée 1/1.	5 —

116. Par le mélange des couleurs diverses dont nous venons de donner la composition, on en formera une variété très-grande ; c'est ainsi que pour former le *gris bleuté* n° 3 S on mêlera :

Gris n° 13 S (114).	1 partie.
Eau gommée 1/1.	1 —
Bleu de ciel S I (72).	$\frac{1}{16}$ —

117. Gris verdâtre pour couleur d'eau :

Gris n° 13 S (114)	1 partie.
Eau gommée 1/1.	1 —
Vert seul S G n° 1.	$\frac{1}{16}$ —

118. Couleurs modes composées de cachou et de gris :

	Cachou S n° 1.	Gris n° 35 S.	Eau gom. 1/1.
N° 44.	1 part.	1 part.	$\frac{1}{2}$ part.
N° 45.	2 —	1 —	1 —
N° 46.	4 —	1 —	1 —
N° 47.	6 —	1 —	0 —
N° 48.	4 —	1 —	4 —
N° 49.	4 —	1 —	0 —
N° 50.	4 —	1 —	24 —

En ajoutant à ces couleurs du rose n° 1 L S et du bleu de ciel S I, on produit des nuances variées et de composition facile. Elles ont, malgré leur peu d'intensité, l'avantage d'être *bon teint* et de ne point *passer* à l'action de la lumière.

GRIS DEUIL SUR FOULARDS NON MORDANCÉS

119. Couleur mère pour gris :

Acétate d'alumine à 12° B. ou pyrolignite d'alumine.	10 litr.
Cachou à 10° B.	5 —
Quercitron à 20° B.	3 —
Campêche à 20° B.	14 —
Eau bouillante.	4 —
Sel ammoniac.	1k,750 gr.
Tartroacétate de cuivre à 18° B. . .	4 litr.
Pyrolignite de fer à 15° B.	10 —
Nitrate de fer à 45°.	2k,500 gr.
Nitrate de cuivre à 60°.	1 kil.
Eau gommée épaisse.	38 litr.

120. Gris deuil, n° 1 SM :

Couleur mère pour gris (119). . .	1 litre.
Graines d'Avignon à 10° B.	$\frac{1}{32}$ —
Eau gommée épaisse.	$\frac{1}{2}$ —
Eau gommée 1/1.	2 litr. $\frac{1}{2}$

121. Gris deuil n° 2 SM plus clair :

Couleur mère pour gris (119). .	1 litre.
Graines d'Avignon à 10° B. . .	$\frac{1}{32}$ —
Eau gommée 1/1.	12 —

122. Chamois vif S C n° 1 :

Couleur mère pour rose S X (51). .	2 litr.
Graines d'Avignon à 10° B.	$\frac{1}{2}$ —
Eau gommée 1/1.	$\frac{1}{2}$ —

123. Couleur de chair n° 43 :

Rose n° 1 S L (54).	2 litr.
Jonquille S (87).	$\frac{1}{4}$ —
Eau gommée 1/1.	4 —

124. Couleurs pour fruits :

	Rose n° 1 S.	Jonquille S.	Eau gom. 1/1.
Abricot n° 1.	2 litr.	$\frac{1}{2}$ litr.	0 litr.
— n° 2.	$\frac{1}{2}$ —	1 —	$\frac{1}{4}$ —

125. Couleurs pour rendre, au moyen de l'impression des ombrés ou fondus, l'effet d'un ciel :

Couleur n° 1. .	Bleu de ciel S I. .	1	part.
	Eau gommée. . .	1	—
Couleur n° 2. .	Bleu de ciel S I. .	1	part.
	Eau gommée. . .	1	—
Couleur n° 3. .	N° 4.	1	—
	Eau gommée 1/1.	$\frac{1}{2}$	—
Couleur n° 4. .	Rose n° 1 L S. . .	1	—
	Jonquille S . . .	$\frac{1}{8}$	—
	Eau gommée 1/1.	4	—

126. Nous pourrions multiplier les exemples de ce genre, mais nous terminerons ici le chapitre consacré à la composition des couleurs vapeur, en donnant au lecteur le tableau d'assemblage des différentes couleurs nécessaires à la production des effets simples, et de ceux à deux et trois nuances.

127. TABLEAU D'ASSEMBLAGE DE COULEURS D'IMPRESSION

POUR OBTENIR LES DIFFÉRENTS EFFETS DU GENRE VAPEUR

ROUGES ET ROSES

A deux nuances.

Ponceau contour A S.	Ponceau contour A S.
Rose n° 3 S X.	Rose n° 2 S L.

A trois nuances.

Ponceau contour A S.	Ponceau A S.
Rose n° 2 S X.	Rose n° 0 S L.
Rose n° 4 S X.	Rose n° 3 S L.

En remplaçant le ponceau par l'amarante S, quand on emploie les roses S L, on obtient des effets plus doux.

VERTS

Deux nuances.

Gros vert n° 8 X S ou n° 1 S.
Petit vert S ou vert 114 S.

Autre pour deux nuances.

Vert sèul S G n° 1.
Vert 114 S.

Trois nuances.

Gros vert n° 1 S ou n° 8 X S.
Vert seul G S ou S G n° 1.
Vert 115 S ou vert d'eau n° 3 S.

Autre pour trois nuances.

Vert n° 8 X S.
Petit vert S, ou vert n° 114 S.
Vert d'eau n° 3 S.

BLEUS

Deux nuances.	Deux nuances.
Bleu n° 3 G S.	Outremer n° 1.
Bleu n° 1 A S.	Outremer n° 2.

Trois nuances.

Bleu de ciel n° 10 P S.
Bleu n° 2/1 G S.
Bleu n° 1 A S.

Comme nous l'avons déjà fait remarquer, on imprime d'abord les couleurs claires, puis les couleurs plus foncées, contrairement à la marche que l'on suit pour les autres couleurs.

VIOLETS

Deux nuances.

Violet n° 1/1 S C ou Violet n° 2 S C ou Violet n° 3 S C.
Violet n° 12 S C. Violet n° 24 S C. Violet n° 72 S C.

Autre.

Violet n° 1 S L.
Violet n° 2 S L.

Trois nuances.

Violet n° 1/1 S C.
Violet n° 12 S C.
Violet n° 48 S C.

BOIS

Deux nuances.

Acajou n° 1 S.	Acajou n° 1 S.
Acajou n° 2 S.	Acajou n° 1/6 S.

Bois n° 1 S C.
Bois n° 2 S C.

Trois nuances.

Puce fond au bois S B.	Puce contour n° 1 S O
Acajou n° 1 S.	Gros bois n° 1 S C.
Cachou n° 2 S.	Bois n° 2 S C. ou n° 13 S L.

Autre.

Acajou n° 1 S.
Mode n° 49 S.
Chamois n° 3 S.

GRIS

Deux nuances.

Gris n° 35 S.	Gris n° 1 S.	Gris cendré n° 1 S.
Gris n° 38 S.	Gris n° 13 S.	Gris cendré n° 2 S.

JAUNES

Deux nuances.

Orange n° 2 S.	Chamois n° 1 S.
Jonquille S.	Chamois n° 2 S.

Trois nuances.

Ponceau A S.
Orange n° 2 S.
Jonquille S.

Ces exemples d'assemblage de couleurs suffiront au lecteur pour lui faire comprendre avec quelle facilité on peut produire les effets les plus variés et les plus riches.

Nous ferons aussi remarquer ici que la plupart des couleurs dont nous avons donné la composition peuvent sans inconvénient être mélangées les unes aux autres, comme celles que le peintre unit sur sa palette, de sorte que l'on peut obtenir plus rapidement, et presque sans peine, les effets du dessin que l'on reproduit sur l'étoffe.

RÉSERVES

128. Nous ne voulons pas terminer ce chapitre sans parler du *genre réserve* vapeur, dont la fabrication consiste à couvrir les parties déjà imprimées d'un dessin, et les parties que l'on veut conserver blanches dans le fond, d'une espèce de *mastic,* qui, sans nuire au fixage des couleurs qu'il recouvre, s'oppose à celui des couleurs qu'on imprimera au *rouleau.*

Le fond blanc de l'étoffe sera ainsi transformé en mi-fond (soubassement) et le dessin primitif ressortira sans altération sur ce mi-fond.

129. Réserve n° 1 S à imprimer sur les couleurs vapeur :

Eau gommée épaisse.	1 litr. $\frac{1}{2}$.
Eau	$\frac{1}{2}$ litr.
Terre de pipe	500 gr.
Farine	500 —

On broye la couleur de manière à former une pâte homogène et fine (sans la faire cuire préalablement).

130. Après l'impression de la réserve, on imprime le soubassement au rouleau, on fixe et on lave l'étoffe, comme nous l'avons indiqué au troisième chapitre. Cette réserve n° 1 S ne réserve que certaines couleurs mixtes, légères, et il faut avoir recours à d'autres compositions pour réserver le violet, le bleu et le vert.

On imprime d'abord de l'eau gommée, puis, par-dessus, les réserves suivantes, selon les couleurs qu'on veut imprimer au rouleau.

131. Réserve n° 2 S (pour soubassement bleu ou violet) :

Eau gommée épaisse.	4 litr.
Craie.	4 kil.
Terre de pipe.	1 —
Eau	4 litr.

132. Réserve n° 3 (pour soubassement vert) :

Alumine en gelée.	1 litr.
Craie en poudre.	1 —
Gomme en poudre.	0^{k},800 gr.
Essence de térébenthine	$\frac{1}{3}$ litr.

On prépare l'alumine en gelée en la précipitant au moyen d'ammoniaque, d'une dissolution d'alun. La gelée qui se forme est recueillie sur un filtre en toile ou en feutre.

V

GENRE DÉRIVÉ DE LA GARANCE

133. Nous recommandons aux personnes qui désirent s'occuper de cette branche de la fabrication des foulards imprimés, d'apporter les soins les plus minutieux aux opérations qui précèdent celle de la teinture, c'est-à-dire au blanchiment des foulards écrus et au dégommage des foulards imprimés.

BLANCHIMENT

134. On fait bouillir, comme nous l'avons indiqué au chapitre premier, les foulards dans de l'eau de savon, une première fois pendant une heure, et une seconde fois pendant deux heures, de manière à rendre la soie aussi souple que possible et à la dépouiller de toutes les matières qui pourraient se colorer pendant la teinture, et qui par conséquent donneraient aux parties non mordancées de l'étoffe une teinte foncée qui rendrait la fabrication défectueuse.

On lave ensuite les pièces dans une eau courante, puis on les fait passer dans une cuve contenant de l'eau chauffée à 60° c., puis dans une dissolution alcaline de 2 kilogrammes de cristaux de soude dans 200 litres d'eau, pour leur enlever le savon qui resterait fixé dans le tissu. On lave ensuite les pièces dans de l'eau courante, puis on les passe dans un bain d'eau acidulée avec de l'acide sulfurique et marquant 2° 1/2 A B. On termine l'opération par un dernier lavage dans de l'eau courante.

Nous allons, avant de parler de l'impression, donner la composition des couleurs garancées, qui ne sont, à proprement parler, que des mordants épaissis de manière à pouvoir être imprimés sur l'étoffe.

COULEURS GARANCÉES

135. Noir :

Pyrolignite de fer à 8° B. . . .	14 litr.
Amidon blanc.	0k,800 gr.
Terre de pipe.	1k,500 —
Huile tournante.	0k,250 —

136. Rouge :

Acétate d'alumine à 7° B. . . .	10 litr.
Acétate d'alumine à 12° B. . .	10 —
Amidon blanc.	0k,800 gr.
Terre de pipe.	1k,500 —
Acide acétique	1 litr.

On colore le mordant avec une décoction de garance ou avec un peu de carmin d'indigo.

137. Puce :

Pyrolignite de fer à 15° B. . .	2 litr. $\frac{1}{2}$.
Acétate d'alumine à 7° B. . . .	10 —
Acétate d'alumine à 12° B. . .	2 —
Campêche à 8°.	1 —
Vinaigre.	1 —
Amidon blanc.	0k,800 gr.
Terre de pipe.	1k,500 —
Huile tournante	0k,250 —

IMPRESSION

138. On tend les foulards de la manière ordinaire sur les tables d'impression.

On imprime d'abord le noir, puis la couleur du fond, puis le rouge rentrure. On fait sécher les foulards, en empêchant qu'ils ne se touchent, de peur que les couleurs ne causent des rapplicages ; on les suspend ensuite dans un séchoir chaud et un peu humide, pendant quarante-huit heures, puis pendant douze heures, dans un lieu sec.

DÉGOMMAGE ET FIXAGE DES MORDANTS

139. On doit opérer avec peu de foulards à la fois, afin que le bain de dégommage ne se charge pas d'une trop grande quantité de *mordants non fixés,* qui en s'y dissolvant se combineraient avec les parties de l'étoffe qui doivent rester blanches, et leur donneraient une couleur plus ou moins foncée pendant la teinture. Il est donc préférable de multiplier le nombre des petites cuves, de préparer dans chacune d'elles 1 kil. $\frac{1}{2}$ à 2 kil. $\frac{1}{2}$ de son, que l'on fait bouillir dans 40 litres d'eau, et dont on ramène la température à 60°.

On y passe une pièce de sept foulards en la maintenant dans sa largeur autant que possible; on l'y manœuvre pendant une dizaine de minutes, puis on la lave dans de l'eau courante; on la rince, on la foule de manière à ce qu'il n'y reste pas la moindre trace de mordant non fixé, car c'est du parfait dégommage des foulards que dépend la beauté du résultat.

140. Nous avons aussi quelquefois commencé par le lavage des pièces à l'eau froide, et terminé l'opération par le passage au son comme nous venons de le décrire; mais nous préférons la première manière d'opérer, qui nous a donné des résultats plus satisfaisants. Il se fixe, en effet, une plus grande quantité de mordant sur le tissu, et les couleurs sont par conséquent plus nourries, plus brillantes.

Quand on a des foulards à fonds *chargés en couleurs*, il faut leur donner deux passages en eau de son, au lieu d'un, qui ne suffirait pas pour fixer les mordants sur l'étoffe.

141. Le rôle du *son* dans cette opération est facile à expliquer de la manière suivante : on expose les pièces imprimées dans des séchoirs pour faire évaporer l'excédant d'acide des mordants, et provoquer la formation des sous-sels d'alumine et d'oxyde de fer, qui se combinent avec l'étoffe; cette première action produite, le son du bain de dégommage, qui contient des phosphates alcalins et terreux, ainsi que de l'albumine et du gluten, la complète et achève la précipitation des bases d'alumine et de fer, ainsi que leur combinaison avec l'étoffe. Il empêche aussi l'excédant des mordants non combinés avec cette dernière, qui ont été entraînés dans le bain de dégommage, de se fixer sur les parties blanches des foulards, en formant avec eux des phosphates et des combinaisons albumineuses insolubles, qui n'ont aucune action sur la fibre du tissu. L'action du son est donc double : il fixe le mordant sur les parties imprimées de l'étoffe, et il en empêche les parties blanches de se combiner avec l'excédant des mordants, entraîné dans le bain de dégommage.

TEINTURE

142. Nous recommandons aussi de ne teindre que peu de foulards à la fois, car il est rare d'obtenir des résultats satisfaisants, quand on opère avec un grand nombre de foulards dans un même bain de teinture.

On fait bouillir pendant quelques minutes, dans une cuve contenant 30 à 40 litres d'eau :

Son.	5 kil.
Colle-forte.	0k,125 gr.

On ramène la température à 35° centigrades, puis, après y avoir ajouté 250 grammes de sumac, on y passe deux pièces de sept foulards, pendant dix minutes.

On ajoute ensuite au bain de teinture 400 grammes de garancine qu'on a fait digérer pendant quelques heures dans du vinaigre, puis on y manœuvre les foulards pendant une heure et demie, en élevant la température du bain à 65°, puis, pendant une demi-heure, de 65 à 75°; et si les couleurs n'ont pas encore atteint toute l'intensité nécessaire, on élève la température au bouillon, et on la maintient à ce degré pendant quelques minutes.

143. On lave ensuite les foulards à l'eau courante, on les rince et les foule jusqu'à ce que l'eau qui en découle soit tout à fait incolore. Quoique le nombre des foulards semble déjà fort restreint, nous préférons, comme pour le dégommage, et pour des raisons analogues, ne teindre que sept foulards à la fois, et comme dans ce cas un seul ouvrier peut diriger simultanément plusieurs opérations de teinture, il peut dans une journée de travail teindre autant de foulards que dans le cas où, les opérations devenant plus considérables, il ne pourrait s'occuper que d'une seule ou de deux cuves de teinture au plus.

144. On procède, après la teinture, au nettoyage du *blanc*, qui, malgré toutes les précautions que nous avons prises, s'est chargé de matière colorante. On fait bouillir, à cet effet, 1 kilo 1/2 de son dans 40 litres d'eau; on ramène la température du bain à 75°

centigr., et on y manœuvre 14 foulards pendant un quart d'heure environ.

145. On les lave ensuite à l'eau courante, on les rince bien, et quand ils sont bien nettoyés, on les passe dans un bain d'eau, acidulée très-légèrement avec de l'acide sulfurique ou avec un mélange d'acides sulfurique et nitrique; on les lave encore dans de l'eau froide, et on les apprête comme nous l'avons indiqué au troisième chapitre.

VI

GENRES DÉRIVÉS DU BLEU DE PRUSSE

TEINTURE EN BLEU DE FRANCE ET IMPRESSION EN ENLEVAGES CHAMOIS ET BLANC

146. On se sert de deux cuves en bois, de la contenance de 150 à 200 litres environ; dans la première on prépare le mordant, dans la seconde le bain de teinture.

147. Cuve du mordant :

Eau	150 litr.
Persulfate de fer à 48° A. . .	12 kil.
Protochlorure d'étain.	1k,750 gr.
Deutochlorure d'étain à 60°. .	1 kil.

On manœuvre dans ce bain, au moyen du trinquet dont est munie la cuve, deux cents foulards à la fois pendant *cinq minutes*, de manière qu'ils soient également imprégnés de mordant. On les lave ensuite et on les rince à la lisière dans une eau courante; puis on procède à la teinture.

148. Cuve de teinture :

Eau	150 litr.
Cyanure jaune (ferroso-ferrique).	1k,500 gr.
Acide sulfurique à 66° B. . . .	0k,625 —

On y teint les pièces pendant quatre à cinq minutes ; puis on les lave de nouveau, comme après la première opération du mordançage.

On reporte ensuite les pièces dans la première cuve, et on recommence le même travail que nous venons de décrire, aussi souvent que ce sera nécessaire pour obtenir, par les teintures et les mordançages successifs, le ton de bleu voulu.

On passe ainsi par toutes les nuances de bleu, depuis la plus claire jusqu'à celle de l'indigo.

On sèche ensuite les pièces et on les imprime avec l'enlevage suivant :

149. Couleur enlevage sur bleu, n° 34 S :

Potasse caustique à 34° B. . . .	8 litr.
Amidon grillé.	2k,500 gr.

On verse la potasse sur l'amidon grillé, assez rapidement pour que ce dernier ne se prenne pas en masse dure; quand l'amidon est dissous on passe la couleur dans un tamis métallique et on l'emploie avec toutes les précautions que nous avons indiquées dans le chapitre II.

150. Fond bleu avec enlevage chamois :

Après le lavage des foulards, on les sèche et les apprête comme les foulards garancés, si on veut conserver la couleur *chamois* qu'a produite l'enlevage.

151. Fond bleu avec enlevage blanc :

Quand on veut avoir une *impression blanche* sur fond bleu, il faut, après le lavage des pièces, les passer dans un bain d'acide sulfurique à 2° B.; on les y manœuvre jusqu'à ce que la couleur de rouille ait entièrement disparu et que le dessin apparaisse en blanc sur le fond.

152. Fond bleu avec impression en noir, et rentrure de l'enlevage chamois ou blanc :

On imprime d'abord le noir vapeur S; puis, vingt-quatre heures après, la couleur *enlevage sur bleu*, n° 34 S. On traite ensuite les pièces comme nous venons de le dire (150, 151).

Nous ferons observer ici que l'on doit laver les foulards qui sont destinés aux effets chamois, seulement vingt-quatre heures après l'impression de l'enlevage, tandis que pour les enlevages blancs il faut laver les pièces aussitôt après leur impression.

153. La potasse caustique de la couleur enlevage décompose le bleu de Prusse du fond (cyanure ferroso-ferrique), s'empare du cyanogène pour former du cyanure de potassium, et le fer, resté libre, s'oxyde et reste fixé sur l'étoffe. On comprendra facilement que plus les pièces de foulards resteront exposées à l'air, plus l'oxydation sera forte, et moins l'oxyde de fer ainsi formé sera soluble dans les acides, quand on voudra le faire disparaître pour rendre les impressions blanches.

154. La formation du bleu par les opérations du mordançage et de la teinture est facile à expliquer. On fixe d'abord de l'oxyde de fer mêlé à de l'oxyde d'étain sur le tissu, puis il se forme pendant la teinture, sous l'influence de l'acide sulfurique, qui facilite la décomposition du cyanure, un composé de bleu de Prusse et de cyanure ferrosostanneux qui lui communique un ton pourpre particulier. L'acide sulfurique du bain de teinture contribue à la décomposition plus facile du cyanure jaune, et il empêche, en s'emparant du potassium (à l'état de potasse), la formation d'une espèce de *bleu de Prusse soluble,* qui ne pourrait se fixer sur le tissu. C'est là l'explication succincte de l'emploi de tous les corps qui entrent dans la composition du mordant et du bain de teinture.

155. Fond bleu avec enlevage orange :

On teint les pièces en bleu, on les lave et on les sèche; puis on imprime la couleur suivante :

155 *bis*. Enlevage orange :

Orange rocou vapeur S R. . . .	10 litr.
Potasse caustique à 34° B. . . .	1 —
Alun.	0^k,500 gr.

On chauffe légèrement la potasse et l'alun; on ajoute l'aluminate de potasse à la couleur, et si elle est trop liquide, on y ajoute de la gomme.

Après l'impression, on vaporise avec les précautions nécessaires pour que la couleur ne coule pas.

VII

GENRE DÉRIVÉ DU BOIS ROUGE

DE SAINTE-MARTHE

FOND NOIR ET ENLEVAGE AMARANTE.

156. Nous allons procéder d'abord à la teinture des foulards en noir.

Supposons que l'on opère avec deux cent trente foulards à la fois.

On plonge les foulards deux fois de suite, et en les lavant après chaque immersion, dans le mordant suivant :

157. Mordant noir :

Persulfate de fer à 10° B. . . .	48 litr.
Acétate d'alumine à 12° B. . .	12 —

La durée de chaque immersion doit être de trois quarts d'heure. Après le second lavage, on rince bien les foulards pour qu'il n'y reste attaché aucune partie de mordant *non fixé*, et on procède ensuite à l'évaporation de la teinture de la manière suivante :

TEINTURE.

158. Cette opération se fait à une température peu élevée et par l'absorption successive de la matière colorante par le tissu, de manière que le mordant en soit entièrement saturé.

On chauffe dans une cuve de teinture, garnie de son trinquet, 4 à 500 litres d'eau à la température de 30° c. On y ajoute 12 litres d'extrait de Sainte-Marthe à 10° B., et l'on y manœuvre les pièces pendant une demi-heure.

On ajoute au bain de teinture 10 à 12 litres d'extrait de bois rouge à 10° B.; on élève la température à 45° c., et on y laisse les foulards pendant une seconde demi-heure.

On ajoute encore huit litres d'extrait au bain; on élève la température à 55° c., et l'on continue la teinture des foulards pendant une demi-heure encore.

On lave ensuite les pièces, et on leur donne un passage en savon à 40° c.

On les lave et les sèche; puis on procède à l'impression de l'enlevage amarante.

159. Enlevage amarante S R :

Eau bouillante	2 litr.

on y fait dissoudre :

Acide oxalique	0k,250 gr.
Protochlorure d'étain	0k,700 gr.
Amidon grillé	1 kil.

On imprime la couleur, et on laisse sécher les foulards à une température peu élevée. L'effet de l'enlevage doit être instantané, et à mesure qu'on imprime on voit le dessin paraître en amarante sur le fond noir. Les sels qui entrent dans la composition de la couleur dissolvent le mordant de fer, et exercent leur action sur la matière colorante rendue libre, en formant avec elle une laque amarante qui se fixe sur le tissu.

DÉGOMMAGE.

160. Aussitôt que les foulards sont secs, on les passe, au nombre de quatorze à la fois, dans une grande cuve en bois contenant de l'eau à 40° c., dans laquelle on a ajouté un 1/2 kilogramme de *craie*. Il faut y manœuvrer rapidement les foulards, de peur que la couleur ne rapplique sur le noir. La craie est destinée à rendre cet effet de rapplicage presque impossible, en s'emparant de l'excédant acide qui se détache des foulards, en même temps que l'empois de la couleur. Quand on peut disposer d'une cuve à roulettes, il est préférable d'en faire usage pour le dégommage des pièces.

On lave ensuite les pièces à l'eau courante, et on procède à l'avivage de la couleur.

AVIVAGE.

161. Pour donner plus de vivacité à la couleur amarante et au noir, on donne ensuite aux foulards un passage en savon à 45° c. pendant un quart d'heure.

On lave les pièces, et on leur donne un deuxième passage dans une eau rendue légèrement alcaline par une addition d'ammoniaque.

Les couleurs acquièrent ainsi un grand éclat.

On apprête ensuite les pièces comme les foulards garancés.

162. Réserve blanche, fond noir, avec enlevage amarante :

On imprime d'abord la réserve blanche suivante.

Essence de térébenthine. . .	0^k,375 gr.
Colophane.	0^k,500 —
Poix de Bourgogne.	0^k,750 —
Suif.	0^k,032 —

On fait bouillir dans une marmite le mélange pendant cinq minutes, et on le conserve ensuite dans des bouteilles bien bouchées.

On l'imprime à la manière ordinaire, en ayant la précaution d'ajouter un peu d'essence de térébenthine à la couleur quand elle s'épaissit sur le drap de châssis.

Quand la couleur a la consistance nécessaire pour obtenir un bon résultat, elle fournit une impression nette, exempte de bavures, et qui paraît tout à fait transparente à la lumière.

On laisse ensuite bien sécher les foulards imprimés, et on passe aux opérations de mordançage et de teinture que nous venons de décrire, puis à l'impression de l'enlevage amarante.

VIII

GENRE DÉRIVÉ DE LA NOIX DE GALLE

FOND NOIR AVEC ENLEVAGE PONCEAU, VERT, JAUNE.

163. On plaque les foulards dans du *nitrate de peroxyde de fer* à 20° B., et on les laisse enroulés pendant deux heures consécutives. On les lave et on les teint ensuite en *noir* avec une décoction de *noix de galle*, sans addition d'autre matière colorante.

Quand le noir formé par le gallate de fer a atteint le degré d'intensité voulu, on lave les foulards, on les sèche au tambour et on les imprime avec les couleurs suivantes :

164. Enlevage ponceau :

Ponceau contour S A.	2 litr.
Sel d'étain.	0^k,065 gr.
Amidon grillé.	0^k,125 —

165. Enlevage jaune :

Graines d'Avignon à 10° B. . .	4 litr. ½.
Amidon blanc.	0,385 gr.

Épaissir et ajouter à chaud :

Protochlorure d'étain. . . . . 0^{k},325 gr.

et à froid :

Acide oxalique en poudre. . . 0^{k},125 gr.

166. Enlevage vert :

Enlevage jaune.	1 litr.
Sulfo-prussiate d'indigo et de potasse.	$\frac{1}{4}$ litr.
Carmin d'indigo.	0^{k},062 gr.
Deutochlorure d'étain.	0^{k},062 —

Les foulards sont ensuite traités comme nous l'avons dit au troisième chapitre pour les foulards à fonds ponceaux, c'est-à-dire vaporisés, lavés et apprêtés.

IX

GENRES DÉRIVÉS DE L'OXYDE DE FER

FOND CHAMOIS.

167. Immersion des foulards dans un mordant composé de *sulfate de peroxyde de fer* à 5° B.; lavage.

Seconde immersion dans le mordant; lavage; puis passage en savon avec addition de 250 grammes de cristaux de soude pour chaque kilogramme de savon.

Lavage et séchage.

168. En imprimant les foulards chamois avec l'enlevage amarante S R, on obtient un dessin blanc. L'oxyde de fer est dissous par l'acide oxalique, après avoir été désoxydé en partie par le protochlorure d'étain de la couleur. On lave ensuite les pièces avec soin pour éviter les rapplicages. On peut, après cette impression en enlevage blanc, rentrer les couleurs vapeur ordinaires, que l'on traite comme nous l'avons dit au chapitre III, et on obtient ainsi des effets variés.

X

GENRES DÉRIVÉS DE L'INDIGO

ET DE L'ACIDE NITRIQUE

MANDARINAGE.

169. Nous commencerons par rappeler ici l'action énergique de l'acide nitrique sur l'indigo, et celle qu'il exerce sur les matières animales, telles que la soie ou la laine, qui est tout à fait particulière par leur coloration en jaune, sans que leur texture soit sensiblement altérée, à moins qu'on ne prolonge trop l'action de l'acide et qu'on ne l'emploie à un degré de température trop élevé, ou à un état de concentration trop grande. C'est sur cette propriété que possède l'acide nitrique de colorer les tissus de soie en jaune qu'est fondée la fabrication qui porte le nom de *mandarinage*.

Elle est parfaitement décrite dans le *Manuel* de M. Thyllaie; cependant les améliorations qu'y a introduites M. Néron et nos propres expériences nous ont donné l'occasion d'y apporter peut-être un peu plus de régularité, malgré ses difficultés, qui rebutent encore aujourd'hui bien des fabricants.

170. Nous commencerons par donner une description succincte du *baquet* de l'imprimeur, qui doit être d'une forme particulière, la couleur de réserve devant être imprimée *à chaud*. Il est en cuivre, à double fond; ce qui permet de le chauffer à une température constante au moyen de vapeur d'eau. On verse la *fausse couleur* dans cette boîte (ou baquet), et on la recouvre d'un châssis tendu de drap fin, sur lequel on étend à la brosse la couleur d'impression que l'on conserve chaude; ou bien, ce qui est encore plus simple, on verse la couleur *de réserve* elle-même dans la boîte en cuivre, et on la recouvre d'un châssis mobile sur lequel on a tendu de la toile fine de coton au lieu de drap. On maintient ce châssis, au moyen de vis, au niveau de la *réserve*, de manière qu'elle puisse traverser la toile quand l'imprimeur y pose sa planche.

171. Composition de la fausse couleur :

Résine.	1 kil.
Suif..	2 —

On fait fondre le mélange dans une chaudière, de manière qu'il soit bien homogène, puis on le verse dans le baquet à double fond, dont on maintient la température à 60° c. environ.

172. Réserve grasse :

Résine.	1 kil.
Suif.	0^k,750 gr.
Cire jaune.	0^k,125 —
Craie en poudre.	0^k,125 —

Quand on a des bleus à réserver, on augmente de 125 grammes la quantité de craie que nous venons d'indiquer.

On laisse bien sécher la réserve sur l'étoffe, et pour empêcher qu'elle ne *coule* ou qu'elle ne *rapplique* sur le tissu, on saupoudre de sable fin toutes les parties imprimées.

Aussitôt que la réserve est sèche, on traite les pièces de la manière suivante, quand on veut obtenir un fond *orange* avec une impression en *blanc* :

173. Dans une auge en pierre, S, on verse de l'acide nitrique à 25° de l'aréomètre de Baumé.

Cette auge est garnie de deux rouleaux, *c* et *d*, qui sont en métal verni et entourés d'une toile de coton. L'un de ces rouleaux plonge dans l'acide et est en contact immédiat avec l'autre ; de sorte que, quand on les fait mouvoir, ils marchent en sens inverse l'un de l'autre. Les pièces placées en *a*, et que l'on dirige entre les deux rouleaux *c* et *d*, s'y imbibent d'acide nitrique d'une manière égale ; elles descendent ensuite en *o*, sous un rouleau en bois verni, et reviennent en *g* pour passer au-dessus du baquet H, au fond duquel est placé un tuyau, *i*, dont la longueur est égale à la largeur de la pièce, et qui laisse échapper par une fente longitudinale une mince nappe de vapeur d'eau chaude.

Cette vapeur, rencontrant la pièce au moment de son passage au-dessus d'elle, active l'action de l'acide nitrique dont cette dernière est imprégnée, et développe la couleur orange d'une manière égale partout où la réserve résineuse n'a pas empêché l'acide de pénétrer.

La pièce, après ce passage à travers la vapeur, est dirigée vers un baquet, K L M N, contenant de l'eau et de la craie. Dans la partie inférieure de ce baquet se trouvent deux rouleaux sous lesquels passe la pièce, qui est ainsi maintenue dans sa largeur pendant la durée de l'opération. Deux autres rouleaux en bois, O, P, placés au-dessus du baquet, et entre lesquels on fait passer les foulards, les font arriver dans une grande cuve d'eau, d'où on les retire pour les laver avec soin.

Après cette opération, les foulards imprimés ont conservé l'empreinte de la réserve, et la couleur du fond n'a pas encore atteint l'intensité qu'elle doit avoir. Pour arriver à ce dernier résultat en même temps qu'au nettoyage de la réserve, on passe les pièces pendant une demi-heure dans un bain de savon bouillant, contenant, pour chaque partie de trente foulards :

Savon.	1 kil.
Sous-carbonate de soude.	0^k,125 gr.

Quand la couleur est assez *montée*, on lave les pièces et on les fait sécher. Les parties imprimées qui n'ont pas été attaquées par l'acide sont restées blanches, et le fond est devenu d'une belle couleur orange, brillante et solide.

Avant de parler des autres exemples de cette fabrication si variée des mandarins, nous allons d'abord indiquer de quelle manière on compose la cuve d'indigo pour teindre les foulards en bleu.

174. Composition de la cuve de bleu :

Eau.	3,500 litr.
Indigo bien broyé.	42 kil.
Sulfate de fer préalablement dissous dans de l'eau.	195 —
Chaux vive que l'on éteint préalablement. .	130 —
Potasse du commerce dissoute dans de l'eau.	32 kil. ½.

175. Quand le mélange est opéré, on pallie bien la cuve pendant six jours consécutifs, pendant un quart d'heure chaque jour : ce laps de temps est suffisant pour que la dissolution soit complète.

Nous allons expliquer en peu de mots de quelle manière elle s'opère.

L'indigo bleu est insoluble dans l'eau et les alcalis; mais quand on le désoxyde et qu'on le transforme en indigo blanc, il est facilement soluble dans les alcalis. C'est donc la désoxydation de l'indigo en présence d'une eau alcaline que nous devons effectuer. Dans la cuve que nous avons composée, le sulfate de fer qui est en présence de la chaux est décomposé; son acide se combine avec elle, et son oxyde, qui se trouve libre et en présence de l'indigo, s'empare de l'oxygène de ce dernier et le transforme en indigo blanc, qui se dissout dans l'excédant de la chaux et de la potasse qui sont dans la cuve. Quand on plonge les pièces dans une cuve ainsi préparée, elles s'y chargent d'une dissolution d'indigo blanc, et quand on les en retire et qu'on les expose à l'air, l'indigo absorbe la quantité d'oxygène nécessaire à sa nouvelle transformation en indigo bleu, qui se fixe sur l'étoffe.

La réserve grasse, en empêchant les fils du tissu de soie d'être en contact avec la dissolution d'indigo, produira le même effet que nous avons indiqué dans le mandarinage, et on obtiendra des parties blanches partout où l'on a imprimé la réserve, et un fond bleu.

Le plongeage des pièces se fait au moyen d'un cadre à crochets, connu sous le nom de champagne, ou d'une cuve à roulettes. Le nettoyage de la réserve se fait comme pour le mandarinage.

Examinons maintenant de quelle manière nous obtiendrons les effets si variés résultant de la réunion de ces deux opérations du *mandarinage* et du *cuvage en bleu.*

Dessin bleu et fond orange.

176. On cuve en bleu, au cadre et en maintenant la cuve trouble; ce que l'on obtient en la palliant bien avant de faire le cuvage.

Lavage et séchage à froid.

Impression de la réserve grasse.

Mandarinage.

Passage en savon et soude, comme nous l'avons indiqué pour nettoyer la réserve.

Dessin blanc et bleu, et fond orange.

177. Impression de la réserve grasse pour le blanc.

Cuvage en bleu; lavage et séchage.

Rentrage de la réserve sur le fond bleu.

Mandarinage.

Puis passage en savon et nettoyage de la réserve.

Dessin blanc et fond gros vert.

178. Impression de la réserve blanche.

Mandarinage et lavage.

Puis, sans nettoyer les pièces et sans les sécher, cuvage en gros bleu.

Lavage et passage en savon et soude, pour enlever la réserve et faire monter la nuance du vert.

Dessin blanc et bleu, fond gros vert.

179. Impression de la réserve.

Cuvage en bleu clair.

Lavage et séchage.

Impression de la réserve.

Mandarinage, lavage, puis cuvage immédiat en gros bleu.

Lavage et passage au savon et soude.

Lavage et séchage.

Dessin blanc, bleu et orange, avec fond gros vert.

180. Impression de la réserve.

Cuvage en petit bleu.

Lavage et séchage.

Rentrage de la réserve pour conserver le petit bleu.

Mandarinage, lavage et séchage.

Rentrage de la réserve pour conserver les parties oranges.

Cuvage en gros bleu, puis passage en savon et soude.

181. Quand, dans l'opération du mandarinage, on mêle à l'acide nitrique du nitrate de fer à 48°, dans des proportions qui varient, selon les nuances que l'on veut obtenir, de 25 à 50 pour 100 d'acide, on obtient des effets nouveaux, de fond solitaire avec des dessins blancs et bleus.

Dessin blanc et fond solitaire.

182. Impression de la réserve grasse.

Cuvage en bleu, séchage.

Placage, au foulard, dans une décoction de campêche à 2° B. Il faut faire cette opération deux fois de suite pour obtenir une teinte égale, et on retourne les lisières à chaque fois.

Mandarinage, puis on plonge les pièces dans une cuve remplie d'eau, pour que l'action du sel de fer sur la matière colorante du campêche puisse se continuer pendant une heure environ.

Passage en savon et soude, puis lavage.

Dessin bleu et fond solitaire.

183. Cuvage en bleu, lavage et séchage.

Impression de la réserve.

Placage en décoction de campêche.

Mandarinage et lavage comme nous venons de l'indiquer.

Passage en savon et soude.

Dessin blanc et bleu et fond solitaire.

184. Impression de la réserve.

Cuvage en bleu, puis on lave et on sèche.

Rentrage de la réserve.

Placage en décoction de campêche.

Mandarinage en solitaire, suspension dans de l'eau pendant une heure.

Passage en savon et soude.

Rougeant orange sur bleu de cuve.

185. On utilise l'action rongeante de l'acide nitrique en imprimant sur l'étoffe, après la teinture en cuve d'indigo, une couleur composée de la manière suivante :

186. Couleur rongeante :

Eau.	2 litr.
Amidon blanc.	0k,250 gr.

Après la cuisson de l'empois, on laisse refroidir la couleur et on ajoute :

Acide nitrique à 36 B.. . . .	0k,375 gr.

Après l'impression, quand les pièces sont sèches, on les passe au-dessus d'un courant de vapeur comme dans l'opération du mandarinage; on lave ensuite les pièces, et on les passe en savon et soude pour faire monter la couleur.

XI

GENRE INDIEN

DÉRIVÉ DE LA GARANCE OU DU BOIS DE SAINTE-MARTHE DE L'INDIGO OU DU BLEU DE PRUSSE ET DE LA GAUDE OU DU QUERCITRON

187. Le genre des foulards indiens consiste en un fond jaune ou vert avec une impression de noir et de rouge, et pour le fabriquer on emploie deux procédés que nous allons décrire. Le premier, plus économique, d'une exécution plus rapide et plus facile, se rapproche du *genre vapeur*. Le second, dans lequel la garance et l'indigo remplacent le Sainte-Marthe et le bleu de Prusse, donne des résultats préférables sous le rapport du bon teint des couleurs.

Premier procédé.

188. *Teinture en jaune*. — Les foulards sont blanchis comme pour le genre garance, puis mordancés dans le mordant d'alumine suivant :

Acétate d'alumine à 7°. . .	75 litr.
Protochlorure d'étain. . . .	1^k,125 gr.

On y laisse les foulards pendant douze heures, puis on les lave et on les rince, et on procède à la teinture soit en gaude, soit en quercitron, auquel on ajoute un peu de graines de Perse ou d'Avignon. Pour cent cinquante foulards, on emploie :

Extrait de quercitron à 8°. . . .	9 litr.
Graines d'Avignon à 10°.	3 —

Quand la couleur a atteint toute son intensité, ce qui a lieu après une teinture de trois quarts d'heure, à 50° c., on lave les foulards, on les sèche *au tambour*, et on les imprime dans l'ordre suivant :

189. Impression du noir vapeur S.
Rentrage du rouge indien S, et du vert n° 8 X S.
Vaporisage pendant 50 minutes, lavage et rinçage.

190. Passage en cuve dans une dissolution de 0^k,750 gr. de bichromate de potasse dans 300 litres d'eau; on y laisse les pièces pendant 5 minutes, puis on les lave à l'eau courante. Cette dernière opération n'est pas indispensable, quoiqu'elle donne un peu plus de *solidité* aux couleurs, par l'oxydation du principe colorant qui a lieu par suite de la décomposition du bichromate, dont l'acide perd une partie de son oxygène; ce dernier se combine avec les matières colorantes en présence desquelles il se trouve, et les fixe sur l'étoffe en les rendant moins sensibles à l'action de la lumière, des lessives alcalines et des acides.

Deuxième procédé.

191. Les foulards sont préparés pour l'impression des couleurs garancées; puis on imprime le noir et le rouge, et on procède aux opérations de teinture, etc., comme nous l'avons dit au chapitre IV.

192. Rentrage de la réserve grasse, partout où l'on veut avoir du blanc, et sur les impressions rouges.

Cuvage en bleu, puis nettoyage de la réserve.

Mordançage et teinture en jaune, lavage, rinçage et apprêt comme pour les *garancés*.

XII

GENRE DÉRIVÉ DE LA COCHENILLE

IMPRESSION AMARANTE.

193. La cochenille produit sur la soie, par sa combinaison avec l'alumine, une couleur amarante d'un grand éclat, et qui résiste aux actions du savon, des acides et de la lumière, de la même manière que les couleurs produites par la garance.

On prépare les foulards comme pour le genre garancé, puis on imprime le mordant suivant :

194. Mordant amarante S C :

Eau.	18 litr.
Alun	12 kil.

On fait dissoudre le sel et on verse la dissolution sur :

Acétate de plomb.	10 kil.

On mélange le tout jusqu'à parfaite décomposition

des sels. On laisse déposer le sulfate de plomb, et on prend 4 litres du mordant, on l'épaissit avec 0^{k},800 gr. gomme en poudre, et on ajoute 0^{k},035 gr. deutochlorure d'étain.

Les pièces imprimées, comme nous l'avons indiqué au chapitre IV, sont étendues comme les foulards à garancer, quarante-huit heures dans un étendage chaud et humide, et vingt-quatre heures dans un étendage chaud et sec.

DÉGOMMAGE.

195. Dans une cuve en bois, de la contenance de 100 litres, on fait dissoudre :

Bichromate de potasse. . .	0^{k},375 gr.
Arséniate de potasse. . . .	0^{k},125 —
Craie.	1 kil.
Son.	3 à 4 kil.

On chauffe le bain à la température de 45° c., puis on y passe 35 foulards en les manœuvrant jusqu'à ce qu'ils soient bien dégommés. L'action du son, que nous avons déjà expliquée au chapitre IV, est encore augmentée par l'addition des sels qui fixent sur l'étoffe toute l'alumine qui peut se combiner avec elle.

On lave ensuite les pièces, on les rince et les nettoie, puis on leur donne un second passage en eau de son pure, à 35° c.; second lavage dans l'eau courante.

TEINTURE.

196. Dans une cuve contenant 80 litres d'eau on verse une dissolution fraîche de

Cochenille. . . . . 1 kil.

Et on y ajoute :

Galle en poudre. . . . . . 0k,090 gr.
Son. . . . . 1 kil.

On y teint 35 foulards en commençant l'opération à la température de 40° c. Pendant la première demi-heure, on l'élève à 55° c.; pendant la seconde, on l'élève à 65° c., puis à 75° c., et même à 90° si c'est nécessaire, pour obtenir une belle nuance, ce dont on peut s'assurer en lavant le bout d'une pièce dans de l'eau tiède, et en le tordant avec force. Le coup d'œil d'un bon teinturier est infaillible en cette circonstance

Lavage.

Passage en eau de son bouillante.

Lavage et apprêt comme pour les garances.

IMPRESSION NOIRE ET AMARANTE.

197. On imprime le noir contour et fond S C, puis le mordant amarante S C, et on opère, comme nous venons de le dire, pour les foulards amarantes. Quand on a de grandes masses de noir, il est préférable de les imprimer après la teinture avec du noir vapeur et de vaporiser les foulards; on risque moins de ternir la nuance amarante.

RÉSERVE BLANCHE AVEC UN FOND CANNELLE ET ENLUMINAGE AMARANTE, ORANGE, NOIR OU PUCE.

198. Impression de la réserve grasse (chapitre X), ou de la réserve blanche pour noir (chapitre VII).

Placage au foulard, ou impression à la main, du mordant amarante.

Dégommage, après avoir laissé les pièces pendant 48 heures à l'étendage.

Lavage et teinture en cochenille.

Passage en eau de son bouillante.

Lavage et séchage.

Les pièces présentent alors l'aspect d'un fond amarante avec des parties réservées blanches (ordinairement un semis très-serré, et plus ou moins gros).

Impression du noir vapeur ou du puce vapeur.

Rentrage de la couleur orange suivante :

199. Orange S X :

Eau gommée épaisse. . . .	1 litr.
Graines d'Avignon à 10° B. .	1 —
Protochlorure d'étain. . . .	0k,200 gr.

Fixage à la vapeur.

Lavage et apprêt comme pour les foulards garancés.

200. Les figures du dessin imprimées en noir resteront pleines.

Celles imprimées avec la couleur orange seront composées de parties *oranges*, et de parties de couleur *cannelle*. En effet, la couleur orange conservera sa pureté dans le semis réservé avant la teinture en amarante, et elle formera, au contraire, par son mélange avec cette dernière couleur une belle nuance *marron* ou plutôt *cannelle,* dans toutes les parties qui n'ont pas été réservées en blanc.

Quand on remplace la teinture en cochenille par une teinture au bois de campêche, on obtient du *violet* au lieu d'*amarante*, et les impressions d'*orange au rocou* ou *à la graine d'Avignon* produisent alors des effets analogues à ceux que nous venons d'indiquer.

IMPRESSION AMARANTE ET FOND CHAMOIS.

201. Impression de la couleur amarante.

Teinture en cochenille.

Passage au son.

Teinture dans un bain de *rocou* peu chargé de matière colorante.

Lavage, séchage et apprêt.

XIII

GENRE DÉRIVÉ DU MUREXIDE

202. Le murexide ou purpurate d'ammoniaque fut découvert et analysé par Prout en 1818, et c'est déjà à cette époque que ce chimiste célèbre fit les belles expériences qui l'amenèrent à la formation de *sels* dont les couleurs vives et éclatantes attirèrent l'attention des savants industriels de l'époque. C'est alors qu'il obtint le précipité rouge pourpre de purpurate de mercure; la solution de couleur groseille de purpurate de plomb; le précipité de couleur jaune de purpurate de zinc. Mais la grande cherté de la matière qui donne naissance à tous ces produits (le prix de l'acide urique était alors vingt-cinq fois plus élevé qu'aujourd'hui) avait sans doute retardé leur application immédiate à l'industrie.

MM. Liebig et Vöhler recommencèrent de nouvelles expériences sur les produits de l'acide urique, et donnèrent le nom de murexide au purpurate d'ammoniaque, en le tirant du mot *murex*, ou coquillage d'où l'on extrayait la pourpre de Tyr.

C'est à M. Depouilly, puis aux expériences de M. Lauth, que nous devons l'application moderne de ce produit à la teinture et à l'impression des étoffes de coton de laine et de soie.

N. B. Le murexide est un produit dérivant de l'acide urique traité par l'acide nitrique et combiné avec l'ammoniaque. On a dû rechercher pour le produire les matières les plus riches en acide urique; aussi est-ce généralement du *guano* qu'on le retire. Nous parlerons de cette fabrication dans la dernière partie de notre ouvrage.

IMPRESSION AMARANTE.

203. Blanchiment du tissu comme pour les foulards à garancer.

Impression de la couleur suivante :

203 *bis*. Amarante ou pourpre M S :

Eau bouillante.	1 litr.

On la verse sur :

Nitrate de plomb.	0^k,250 gr.
Murexide en pâte.	0^k,250 —
ou	
Murexide en poudre.	0^k,085 —

204. Étendage des pièces imprimées, deux jours.

Passage en cuve, dans une eau alcaline composée de :

Eau.	200 litr.
Ammoniaque.	4 —

Lavage, rinçage et passage dans la cuve de sublimé, qui est composée de la manière suivante :

Eau.	1,000 litr.
Sublimé corrosif.	6 kil.
Biacétate de soude.	2 —

Le biacétate de soude s'obtient en faisant dissoudre :

Acétate de soude. . . . . . 0^k,500 gr.

dans

Acide acétique. . . . . . . 1 litr.

On manœuvre les foulards pendant un quart d'heure environ, jusqu'à ce que la couleur soit bien égale, et que le purpurate de plomb soit tout à fait décomposé par le sublimé et transformé en purpurate de mercure. On peut augmenter la vivacité de la couleur en ajoutant au bain une plus grande quantité de biacétate de soude.

Lavage, séchage et apprêt.

205. Il ne faut pas augmenter la proportion du sel de plomb qui entre dans la composition de la couleur d'impression, de peur d'obtenir des nuances peu brillantes et même opaques.

XIV

GENRE DÉRIVÉ DE L'ANILINE

206. L'aniline est un alcaloïde artificiel, dont l'oxydation donne naissance à un produit nouveau, qui jouit de propriétés colorantes remarquables, que l'on a appliquées récemment à la teinture de la soie en violet, et à l'impression des étoffes de soie, de coton et de laine.

Nous allons indiquer sommairement de quelle manière on obtient ce produit de la chimie moderne. (Voir le Journal de Théobald Grieben, procédé de Perkins pour la production de l'aniline oxydée.)

Par la distillation de l'huile de goudron et par la rectification des produits recueillis, on obtient la *naphte*.

On mêle à cette dernière un dixième de son volume d'acide sulfurique concentré; on laisse la masse se refroidir, et on y ajoute 5 pour 100 de peroxyde de manganèse. La partie qui surnage après la précipitation des matières insolubles est recueillie, et produit, par sa distillation, la *benzine*.

La benzine est soumise ensuite à l'action d'une quantité égale à la sienne d'acide nitrique que l'on y ajoute goutte à goutte. Le produit que l'on obtient ainsi est la *nitro-benzine*.

Pour la désoxyder, on la mêle à une quantité égale d'acide acétique étendu d'eau et à une quantité double de limaille de fer. La réaction a lieu, l'eau est décomposée; son oxygène se porte sur le fer, pour former un oxyde soluble dans l'acide acétique; l'hydrogène, rendu libre, agit sur le nitro-benzine, se combine avec son oxygène, dont il s'empare, et forme avec elle l'*aniline,* que l'on recueille après deux ou trois distillations successives.

L'*aniline* ainsi obtenue est dissoute dans l'*alcool*, ou traitée par l'acide sulfurique pour former avec lui un sulfate soluble dans l'eau; l'une et l'autre de ces deux dissolutions précipitent, par l'addition d'une solution de bichromate de potasse, en une masse brune violacée d'*aniline oxydée*.

C'est avec ce produit que l'on peut teindre la soie en *violet,* et la nuance obtenue, sans addition de mordant, est d'un éclat remarquable. En en mêlant des quantités plus ou moins considérables avec de l'eau gommée, on obtient une *couleur violette* que l'on imprime et traite comme les *couleurs* vapeur (chapitre III).

XV

GENRE DÉRIVE DE L'ORSEILLE

207. L'emploi de l'orseille dans la formation de certaines couleurs violettes est fréquent, quoique nous lui préférions la couleur moins fugace que produit le bois de Campêche.

Les couleurs d'impression se préparent soit au moyen d'extraits d'orseille, soit au moyen des laques d'orseille. Nous donnerons à ces dernières le nom de Parme pour les distinguer des premières.

208. Violet n° 1 O S :

Orseille à 15°	1 litr.
Eau gommée épaisse	$\frac{1}{2}$ litr.
Alun	0k,062 gr.

Violet n° 2 O S :

Violet n° 1 O S	1 litr.
Eau gommée 1/1	8 —

209. Parme n° 1 S pour contour :

Laque Parme.	2 parties.
Eau gommée.	1 —

Parme n° 2 S pour fond foncé.

Laque Parme.	1 partie.
Eau gommée 1/1.	2 —

Parme n° 5 S :

Laque Parme.	1 partie.
Eau gommée 1/1.	5 —

Parme n° 12 S :

Laque Parme.	1 partie.
Eau gommée.	12 —

210. On prépare la laque Parme en dissolvant la matière colorante de l'orseille dans une solution alcaline de carbonate de soude (25 pour 100 d'orseille), on y ajoute ensuite une solution d'alun ; l'alumine en gelée, qui se forme par la double décomposition des sels, se précipite et entraîne avec elle toute la matière colorante de l'orseille.

On décante ensuite le liquide qui surnage et qui ne contient que du sulfate de soude, et on recueille sur un filtre en feutre la laque d'alumine formée.

211. Les foulards imprimés sont fixés de la manière ordinaire et lavés. La couleur obtenue est alors rougeâtre, et, pour la rendre violette, il faut donner aux pièces un passage dans une eau rendue alcaline par une addition de lait de chaux et d'ammoniaque.

On y manœuvre les foulards pendant quelques minutes, puis on les lave dans une eau courante. Une addition préalable de *magnésie* caustique aux couleurs Parme d'impression rend ce passage inutile. La couleur violette se développe immédiatement; mais les moindres émanations acides, soit pendant, soit après le vaporisage, suffisent pour rendre le passage en eau alcaline indispensable, quoiqu'on se serve, en pareille occurrence, de *doubliers* de fixage préparés de la manière suivante :

On les passe dans une eau à laquelle on a ajouté une quantité suffisante de craie pour la rendre laiteuse.

On les sèche sans les laver, et c'est la craie qui est destinée à absorber les acides qui s'évaporent pendant le fixage, et qui rougiraient la couleur *violette* de l'orseille, si cette dernière éprouvait leur action.

212. M. *Guinon*, par la préparation de son pourpre français, a vaincu toutes ces difficultés et rendu la couleur de l'orseille plus stable. C'est là une découverte heureuse, dont les résultats seront sans doute constatés par tous les fabricants qui en font usage. On a donné le nom de rose des Alpes à la couleur que l'on obtient au moyen de ce produit.

Nous reviendrons encore sur la fabrication des *cou-*

leurs de laques, dont l'application à l'industrie fut faite pour la première fois par M. Broquette, quand nous traiterons de l'impression des *mousselines-laine*.

Nous pouvons déjà dire ici que toutes les couleurs composées de *laques* peuvent être imprimées sur les étoffes de soie, et donnent de bons résultats quand on veut obtenir des *effets doux*. La soie ne pouvant sans ineonvénient être humectée autant que la laine avant le *fixage*, il en résulte que les matières colorantes qui sont à l'état de *précipité* ne peuvent se combiner aussi intimement avec elles, et que les *nuances* en sont moins *nourries*, moins éclatantes que celles obtenues par les moyens ordinaires. De plus, si l'on dépasse le degré hygrométrique strictement nécessaire à la fixation des couleurs de laques, ces dernières *coulent* sur l'étoffe pendant le fixage à la vapeur (15, 18), et la fabrication devient tout à fait défectueuse.

FIN DE LA PREMIÈRE PARTIE

TABLE DE LA PREMIÈRE PARTIE

FIN DE LA TABLE

ÉCHANTILLON DE FOULARD

GENRE VAPEUR.

ÉCHANTILLON DE FOULARD

GENRE VAPEUR.

ÉCHANTILLON DE FOULARD

GENRE VAPEUR.

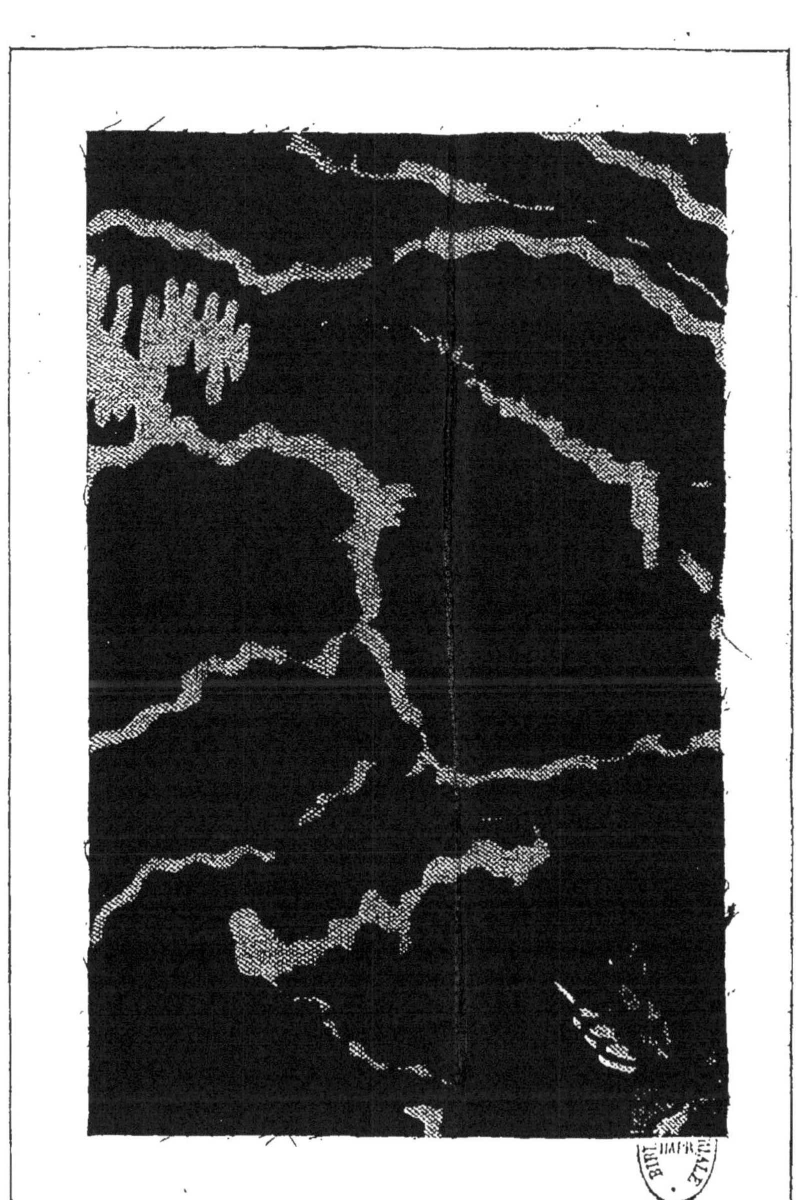

ÉCHANTILLON DE FOULARD

GENRE VAPEUR.

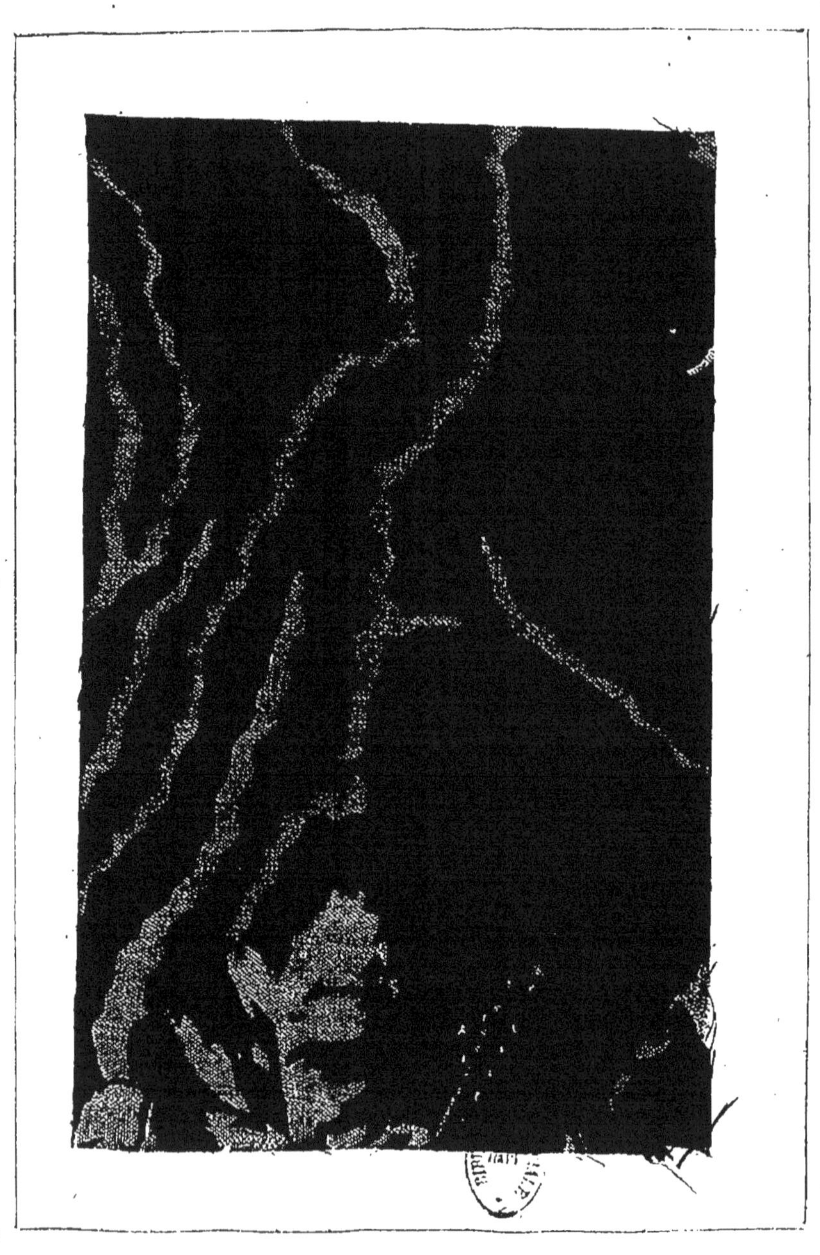

ÉCHANTILLON DE FOULARD

GENRE VAPEUR.

ÉCHANTILLON DE FOULARD

GENRE VAPEUR.

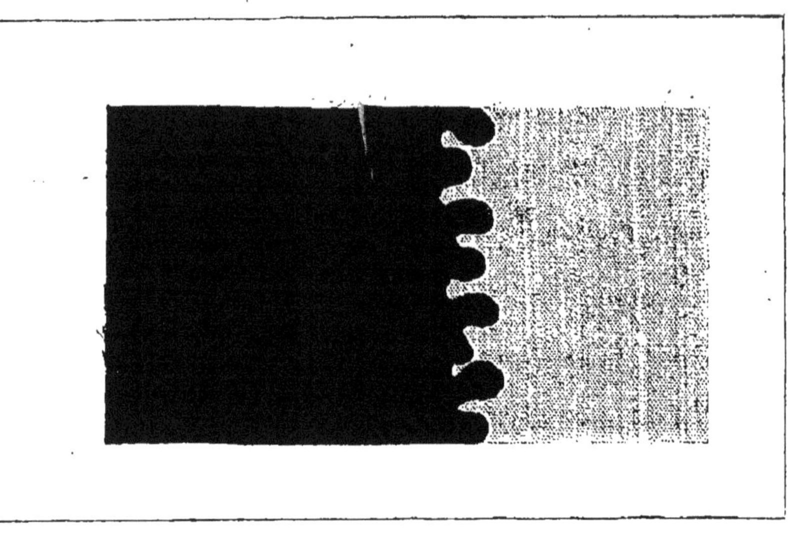

ÉCHANTILLON DE TAFFETAS

GENRE CHINÉ.

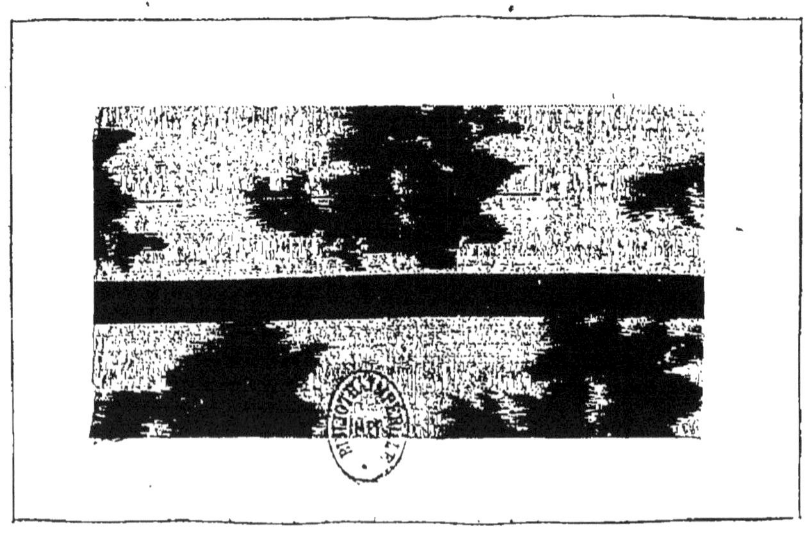

ÉCHANTILLONS DE FOULARDS

GENRE INDIEN.

GENRE GARANCÉ.

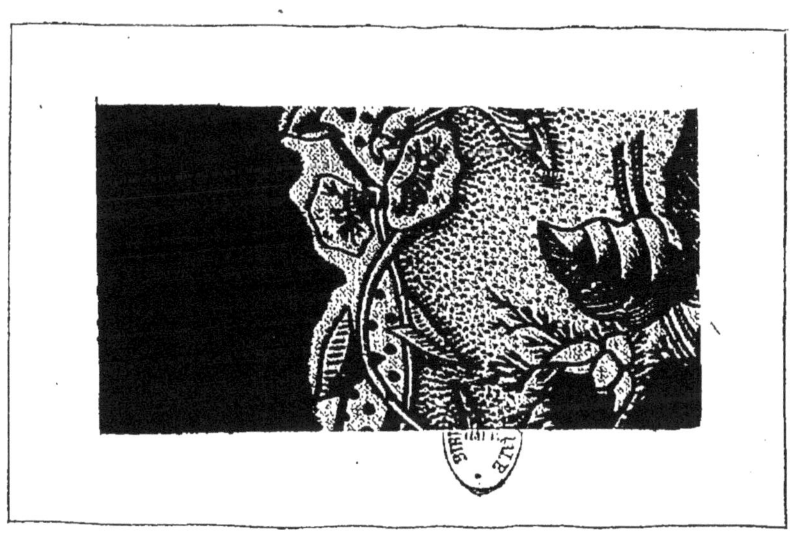

ÉCHANTILLONS DE FOULARDS

GENRE DÉRIVÉ DE LA COCHENILLE.

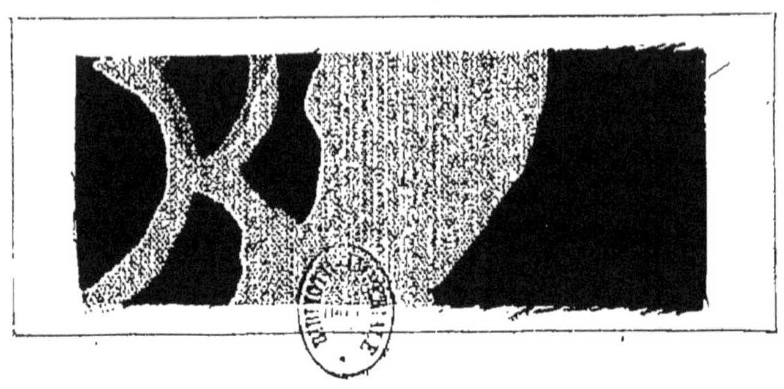

GENRE DÉRIVÉ DU BLEU DE PRUSSE.

ENLEVAGE BLANC.

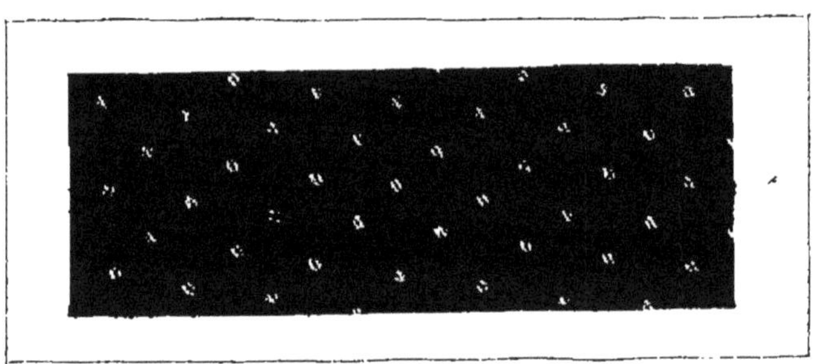

GENRE DÉRIVÉ DU BOIS ROUGE.

ENLEVAGE AMARANTE.

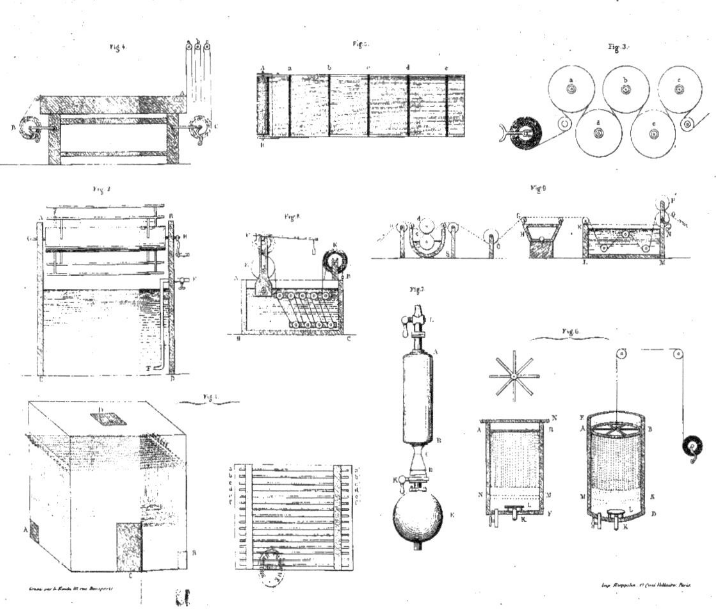

Paris. — Typographie de Firmin Didot frères, fils et Cie, rue Jacob, 56.

www.ingramcontent.com/pod-product-compliance
Ingram Content Group UK Ltd.
Pitfield, Milton Keynes, MK11 3LW, UK
UKHW020334230726
13925UKWH00002B/794